I0018571

Audrey Sa

Un portail pour améliorer l'accès à l'information

Audrey Saint Georges

Un portail pour améliorer l'accès à l'information

L'exemple de la bibliothèque HEC

Éditions universitaires européennes

Mentions légales/ Imprint (applicable pour l'Allemagne seulement/ only for Germany)

Information bibliographique publiée par la Deutsche Nationalbibliothek: La Deutsche Nationalbibliothek inscrit cette publication à la Deutsche Nationalbibliografie; des données bibliographiques détaillées sont disponibles sur internet à l'adresse http://dnb.d-nb.de.
Toutes marques et noms de produits mentionnés dans ce livre demeurent sous la protection des marques, des marques déposées et des brevets, et sont des marques ou des marques déposées de leurs détenteurs respectifs. L'utilisation des marques, noms de produits, noms communs, noms commerciaux, descriptions de produits, etc, même sans qu'ils soient mentionnés de façon particulière dans ce livre ne signifie en aucune façon que ces noms peuvent être utilisés sans restriction à l'égard de la législation pour la protection des marques et des marques déposées et pourraient donc être utilisés par quiconque.

Photo de la couverture: www.ingimage.com

Editeur: Éditions universitaires européennes est une marque déposée de Südwestdeutscher Verlag für Hochschulschriften GmbH & Co. KG
Dudweiler Landstr. 99, 66123 Sarrebruck, Allemagne
Téléphone +49 681 37 20 271-1, Fax +49 681 37 20 271-0
Email: info@editions-ue.com

Produit en Allemagne:
Schaltungsdienst Lange o.H.G., Berlin
Books on Demand GmbH, Norderstedt
Reha GmbH, Saarbrücken
Amazon Distribution GmbH, Leipzig
ISBN: 978-613-1-56671-4

Imprint (only for USA, GB)

Bibliographic information published by the Deutsche Nationalbibliothek: The Deutsche Nationalbibliothek lists this publication in the Deutsche Nationalbibliografie; detailed bibliographic data are available in the Internet at http://dnb.d-nb.de.
Any brand names and product names mentioned in this book are subject to trademark, brand or patent protection and are trademarks or registered trademarks of their respective holders. The use of brand names, product names, common names, trade names, product descriptions etc. even without a particular marking in this works is in no way to be construed to mean that such names may be regarded as unrestricted in respect of trademark and brand protection legislation and could thus be used by anyone.

Cover image: www.ingimage.com

Publisher: Éditions universitaires européennes is an imprint of the publishing house Südwestdeutscher Verlag für Hochschulschriften GmbH & Co. KG
Dudweiler Landstr. 99, 66123 Saarbrücken, Germany
Phone +49 681 37 20 271-1, Fax +49 681 37 20 271-0
Email: info@editions-ue.com

Printed in the U.S.A.
Printed in the U.K. by (see last page)
ISBN: 978-613-1-56671-4

Copyright © 2011 by the author and Südwestdeutscher Verlag für Hochschulschriften GmbH & Co. KG and licensors
All rights reserved. Saarbrücken 2011

sciences
et
techniques
de
l'information

INTD

CONSERVATOIRE NATIONAL DES ARTS ET METIERS

INSTITUT NATIONAL DES TECHNIQUES DE LA DOCUMENTATION

MEMOIRE pour obtenir le

Titre professionnel "Chef de projet en ingénierie documentaire" INTD

niveau I

présenté et soutenu par

Audrey Saint Georges

le 5 novembre 2008

Un portail pour améliorer l'accès à l'information :
L'exemple de la bibliothèque HEC

Cycle supérieur Promotion XXXVII

A mon grand-père André

Remerciements

Aux collaborateurs de la bibliothèque : pour leur accueil chaleureux, leur sympathie et leur encouragement.

A mes lecteurs : André, Laurence, Orélie, Paul, Sylvie, Teddy et Valérie-Anne. Merci d'avoir pris de votre temps pour me corriger et m'encourager.

Enfin, un grand merci à mes proches et particulièrement à Brigitte et à Fabien pour m'avoir patiemment soutenue tout au long de cette année.

Avertissements

Afin de faciliter la lecture, nous avons employé les codes de lecture suivants :

• Les chiffres entre parenthèses renvoient aux références de la bibliographie analytique qui se trouve à la fin de cet ouvrage.

• Les notes de bas de page concernent les références des citations qui ne renvoient pas à la bibliographie ainsi que les références aux parties internes ou aux annexes.

Table des matières

Liste des tableaux

Liste des figures

Liste des abréviations

ARL	*Association of Research Libraries :* association des bibliothèques de recherche
CCIP	Chambre de Commerce et d'Industrie de Paris
ELAG	*European Library Automation Group :* association européenne pour l'automatisation des bibliothèques
EMBA	*Executive Master of Business Administration* : diplôme d'études supérieures de conduite des affaires en formation continue
ENT	Environnement Numérique de Travail
EST	Evaluation Sélection Traitement
FAQ	*Frequently Asked Questions :* questions fréquemment posées
GED	Gestion électronique de document
HEC	Hautes Etudes Commerciales
IMD	*Institute for Management Development* : institut pour le développement du management
HTML	*HyperText Markup Language* : langage de marquage pour hypertexte
HTTP	*HyperText Transfer Protocol* : protocole de transfert hypertexte
ISO	*International Organization for Standardization* : organisation internationale de normalisation
LBS	London Business School : Ecole de commerce de Londres
LDAP	*Lightweight Directory Access Protocol* : protocole léger d'accès aux annuaires
MBA	*Master of Business Administration* : diplôme d'études supérieures de conduite des affaires
OPAC	*Online public Access Catalog* : catalogue de bibliothèque accessible en ligne
PEB	Prêt Entre Bibliothèque
RDI	Recherche Documentaire Informatisée
RI	Recherche d'Information
RIA	*Rich Internet Application* : Application Internet Riche
RSS	*Really Simple Syndication* : Syndication vraiment simple
SIGB	Système Intégré de Gestion de Bibliothèque
SSO	*Single Sign-On* : identification unique
TIC	Technologies de l'Information et de la Communication
URL	*Uniform Resource Locator* : localisateur uniforme de ressource

Introduction

En juillet 2008, selon Médiamétrie[1], trente deux millions de français de onze ans et plus se sont connectés à Internet soit 60,1% de la population. De plus, trois milliards de recherches ont été effectuées au dernier trimestre 2007, dont 87 % sur Google. Réaliser des recherches sur le Web est devenu une activité banale et le fameux moteur de recherche est devenu l'acteur numéro 1 de ce secteur. Si sa suprématie ne fait aucun doute, ses performances, par contre, sont plus difficiles à observer, surtout dans un contexte d'accroissement exponentiel du volume et de la variété des informations disponibles. Les conséquences pour l'utilisateur sont la désorientation et le découragement face à cette masse d'information de qualité très variable.

Alors que la bibliothèque était la référence avant Internet, ses missions de mise à disposition de l'information sont bouleversées par ces nouveaux usages. L'internaute a pourtant besoin d'être accompagné dans cette vaste toile d'araignée mondiale afin de s'y repérer et d'accéder à l'information dont il a besoin. Nous supposons, dans cette étude, que la bibliothèque peut garder sa place de médiateur privilégié sur le Web car elle a l'avantage de connaître son public et de disposer d'une offre adaptée à ses besoins. Nous nous intéresserons à la dernière génération de site Web proposée par les bibliothèques : les sites portails. Nous supposons que les portails facilitent l'accès à l'information et nous tenterons de comprendre les fonctions que ces nouveaux produits offrent aux utilisateurs pour optimiser leurs RI (recherches d'information).

Dans une première partie, nous définirons les processus de RI du côté utilisateur en mobilisant des approches multidisciplinaires. Nous étudierons les différentes stratégies adoptées par les utilisateurs et nous pointerons les points problématiques de cette activité sur le Web. Ensuite, nous présenterons un rapide historique de l'offre de services en ligne des bibliothèques et nous nous pencherons plus précisément sur la tendance actuelle : les portails. A partir d'une brève explication sur leurs fonctionnements, nous dégagerons les effets supposés des fonctions du portail sur la RI. A partir de ces réflexions, théoriques puis techniques, nous définirons les fonctions générales attendues du portail pour la bibliothèque HEC (Hautes Etudes Commerciales) et détaillerons plus particulièrement les fonctions d'adaptativité en prenant l'exemple d'un public spécifique. Enfin, nous soulignerons les précautions à prendre lors de sa conception et proposerons des critères d'évaluation.

---

[1] Médiamétrie.L'audience de l'Internet en France en juillet 2008 [en ligne]. Paris, 2008 [consulté le 4 septembre 2008].<http://www.mediametrie.fr/resultats.php?resultat_id=585&rubrique=net>

1 La recherche d'information en ligne

1.1 Caractéristiques du contexte de la recherche d'information

Depuis longtemps déjà, les professionnels de l'information ont appris à se repérer et à rechercher l'information dans les documents sur support papier. À la naissance de l'informatique, l'ordinateur a d'abord été un instrument améliorant l'accès à l'information papier, qu'on a appelé GED (Gestion Electronique de Documents). Depuis la généralisation du Web, l'outil informatique offre plus que l'accès à l'information papier : il permet un accès en ligne à ces documents. L'usager effectue lui-même ses recherches et devient l'acteur principal de la recherche.

Afin de pouvoir étudier les difficultés induites par la RI, nous allons tout d'abord définir les concepts principaux pour mieux appréhender la RI sur le Web. Ensuite, nous tenterons, à l'aide de la psychologie cognitive et des sciences de l'information, de représenter cette activité et de la qualifier en fonction des stratégies adoptées par l'utilisateur. Une fois l'ensemble de ces concepts posés, nous pointerons quelques difficultés rencontrées par l'utilisateur.

1.1.1 L'acteur et le besoin d'information

L'individu est l'acteur principal de la RI. Pour le désigner, deux mots sont souvent confondus : usager et utilisateur. Ils peuvent être distingués par leur objet d'utilisation. L'usager utilise un service : les lecteurs d'une bibliothèque sont ses usagers. Le terme utilisateur désigne la personne qui utilise l'outil informatique, un ordinateur et un réseau. Le néologisme internaute désigne l'utilisateur d'Internet. Les services des bibliothèques étant de plus en plus accessibles en ligne, la frontière entre ces trois notions est de plus en plus floue.

Si l'utilisateur se tourne vers le système de RI, c'est qu'il a pris conscience d'un manque et qu'il ressent un besoin d'information. Il s'agit d'un besoin de réduction d'incertitude, si l'on considère que l'incertitude est « *la connaissance explicite, la prise de conscience d'un manque de connaissances* » (41, p.4). Différentes variables peuvent caractériser un besoin d'information : le degré de familiarité avec le domaine du sujet novice ou expert, la profondeur du besoin, du basique à l'approfondi : vérifier une information, trouver une information nouvelle, comprendre une information, mettre à jour ses connaissances, obtenir une sélection d'informations représentatives sur une question, faire une recherche exhaustive sur le sujet (4, p.4).

Défini comme manque de connaissance ou prise de conscience d'un manque, le concept de besoin d'information semble paradoxal : pour savoir que je manque d'information, il me faut des connaissances, notamment des métaconnaissances. De plus, le besoin d'information ne diminue pas forcément et peut même augmenter avec l'apport d'information (41).

1.1.2 L'objet et les critères de satisfaction

Le mot information désigne aussi bien des connaissances qui s'appliquent à des classes d'objets que des données qui se rapportent à des cas, des faits particuliers. Le document est traditionnellement le support matériel de cette information. Sur Internet, le concept de document est généralisé, on parle de ressource. Une ressource peut être un document textuel, sonore, audiovisuel : tout support d'information. Nous ne ferons pas ici la distinction entre recherche documentaire et RI, considérant que sur le Web la distinction entre support et contenu n'a plus lieu d'être (8, p.12). Le plus intéressant est de savoir si les informations trouvées lors de la recherche satisfont le besoin d'information.

Qualité et pertinence de l'information sont souvent confondues. Cela s'explique peut-être par le fait que la pertinence de l'information par rapport au thème est un des critères de qualité comme l'identification du contexte de production d'une source, sa fiabilité, sa nouveauté, son exhaustivité, sa structuration, sa présentation... La qualité d'une information est indépendante du contexte de réception de l'information. La pertinence de l'information par rapport au besoin d'information est la proximité entre un besoin initial et l'information trouvée. Ces deux entités sont décomposées en trois composants : domaine du contenu, exploitation envisagée et environnement (de travail, d'apprentissage...). La pertinence est l'adéquation entre ces deux entités, le système d'information d'un côté, l'utilisateur de l'autre, pour les trois composants (domaine, exploitation, environnement). La pertinence n'est pas forcément liée à la qualité, autrement dit, une information de qualité n'est pas forcément pertinente par rapport à un besoin précis d'information et une information pertinente, qui répond effectivement au besoin, peut être de mauvaise qualité. L'information utile est une information pertinente directement exploitable par son destinataire (4, p.4).

1.1.3 L'outil : le système de recherche

Dans notre étude, nous nous concentrerons sur la RI sur le Web. Poser cette problématique nécessite de rappeler quelques caractéristiques de cet espace d'information. Internet désigne le réseau informatique mondial qui rend accessible grâce aux protocoles de communications IP (Internet Protocol) des services ou applications comme la messagerie électronique et le World Wide Web. Le World Wide Web, appelé plus souvent Web ou toile d'araignée mondiale, est un système fonctionnant sur Internet qui permet de consulter avec un navigateur des pages mises en ligne dans des sites Web. Ce système est basé sur trois technologies : l'adresse unique URL (*Uniform Resource Locator*) qui sert à identifier les pages; le langage d'écriture HTML (*Hypertext Markup Language*) qui permet la publication de pages Web et le protocole de communication HTTP (*HyperText Transfer Protocol*) qui assure la réception et l'envoi d'information entre le navigateur et les serveurs. Le Web fonctionne en client serveur. Le client est un poste informatique connecté sur le réseau. Il peut héberger un navigateur : un logiciel client qui permet d'accéder aux ressources du Web en affichant les pages Web. Un logiciel serveur est un ordinateur en ligne, ou hôte, qui héberge les ressources destinées à être exploitées par un client (13, p.106). L'expression « en ligne » est ici utilisée pour ce qui est connecté au réseau. Le Web est aussi un système hypertexte, un réseau de nœuds : le mécanisme est simple, il suffit de cliquer sur un lien interne ou externe (pointant vers un autre contenu en ligne) pour atteindre le nœud associé : page, document... Ce système basé sur les associations d'idées offre la possibilité d'établir des liens entre les ressources.

Les ressources désignent les contenus d'information en ligne dont des documents de toutes natures (13, p.105). Un site Web est un ensemble de ressources organisées en pages Web constituant un des nœuds du système et qui fait référence à des fichiers visualisables par un client Web grâce à une interface utilisateur. Le mot page désigne la plus petite unité de découpage sur le Web. Un site Web est en général constitué de plusieurs pages Web. Pour désigner ce qui est visible par l'utilisateur, nous utiliserons indifféremment les termes interface, page ou site Web. Le système d'information est « *l'ensemble des éléments en interaction qui forme un tout organisé et cohérent pour gérer, stocker et permettre l'accès à l'information* » (1, p.238). Il s'emploie pour désigner un dispositif informatisé comprenant notamment le site Web.

Les concepts fondamentaux du contexte de la RI étant définis, nous allons étudier son mécanisme.

1.2 Modélisation de l'activité de recherche d'information

Nous nous intéresserons à deux champs disciplinaires qui ont tenté de modéliser l'activité de RI : la psychologie cognitive et les sciences de l'information. Nous appelons RI l'ensemble des activités, des processus, des représentations qu'élabore et utilise un individu pour trouver des informations utiles et pertinentes par rapport à une tâche qu'il se donne (17).

1.2.1 Une activité cyclique

TRICOT et ROUET proposent un modèle d'activité cyclique de l'activité cognitive de RI. Ces recherches en psychologie cognitive présentent les mécanismes mentaux à l'œuvre lors d'une RI. La RI est une activité complexe de résolution de problème qui mobilise la mémoire et la compréhension.

Le cerveau encode des informations et il les trie dans deux types de mémoire :

- La mémoire de travail à court terme

- La mémoire à long terme ou base de connaissances.

Les connaissances sont de deux types :

- Les savoirs : la connaissance déclarative : savoirs purs, données brutes.

- Les savoir faire : la connaissance procédurale : habileté en situation, connaissance du mode opératoire propre à une ressource et la connaissance métadocumentaire : savoir quels types de ressources sont adaptés à quels types de recherche.

Le modèle EST (Evaluation Sélection Traitement) distingue trois processus de premier niveau dans une RI (17).

- L'évaluation : l'individu construit une représentation de la tâche en évaluant l'écart entre son but et son état de connaissance, puis il produit des critères qui guident la recherche. Ces critères sont de deux types : déclaratifs : les informations à chercher et procéduraux : démarche à suivre. Cette stratégie dépend de la connaissance du système d'information et des circonstances de l'activité (délais, moyens...). Ces critères permettent à l'individu de construire une représentation de son but.

- La sélection : « *Quel que soit l'environnement considéré, l'accès à l'information requiert une opération de sélection* » (17, p.3). Dans les systèmes d'information électronique, la sélection des informations prend souvent la forme d'un menu, généralement des mots ou des expressions thématiques qui relèvent d'une catégorie d'information. Là aussi, il s'agit d'un processus complexe qui mobilise trois types de représentations : celle du but, celle des rubriques précédemment visitées et celle des rubriques disponibles au moment du processus.

- Le traitement ou filtrage est le processus mis en œuvre lorsque l'utilisateur examine une unité de contenu. Pour résoudre son problème, l'utilisateur doit juger les éléments que lui propose le système et sélectionner le document qui répond à son besoin.

Un second niveau décrit les processus qui gèrent ces processus élémentaires. Lors de la planification, le sujet détermine sa stratégie : il réfléchit autant à la nature de l'information recherchée qu'aux moyens qu'il devra mettre en œuvre pour la trouver. Ensuite, un processus de contrôle intervient pour vérifier la pertinence des résultats. Enfin, la régulation permet au sujet, s'il n'a pas eu satisfaction, de rectifier sa représentation du but ou sa stratégie (17).

NAVARRO-PIETRO propose une théorie de la fouille d'information, ou « *information foraging* ». Cette approche dite écologique est basée sur l'analogie avec la recherche de nourriture (16). Elle tente d'expliquer l'adaptation du sujet et de son comportement en fonction des contraintes de l'environnement. L'activité de RI obéit à un principe de maximisation du rapport bénéfice / coût, non seulement dans le choix des sources mais aussi dans celui des interfaces. Le bénéfice est la satisfaction du besoin d'information et le coût pour l'utilisateur est le temps d'accès, le coût de la fouille et le traitement. L'utilisateur évalue le bénéfice et le coût de sa recherche. Il est dans une démarche d'optimisation de ses activités : en général, une personne se lance dans une activité quand elle pressent un retour sur investissement.

Selon ces théories le processus de RI est la construction d'un espace de recherche et demande une représentation claire du système d'information et des opérations qui peuvent y être faites. Ce processus est aussi un problème de conception où le critère déterminant est la construction de la situation but.

1.2.2 Les compétences et habiletés

Le cadre TIMS (9), proposé par DILLON, décrit les composantes de l'activité que l'on peut considérer comme des niveaux de traitement et non le déroulement de l'activité. Chaque niveau de traitement du modèle EST correspond à un type d'habileté différent : la gestion de la tâche, la représentation mentale du document, les habiletés à manipuler le système d'information et l'activité de lecture des résultats. Dans cette approche, les habiletés de l'utilisateur sont prises en compte comme un composant déterminant de la RI.

Pour décrire ces habiletés, DUPLESSIS établit une correspondance entre les compétences et les concepts info-documentaires en jeu. Il définit, la compétence comme « *l'articulation des différents types de connaissances : dans tel contexte et pour tel but, la compétence manifeste un savoir comment procéder (connaissances procédurales) à bon escient (connaissances déclaratives) et avec pertinence, de manière consciente et contrôlée (métaconnaissances)* » (10, p.8). La modélisation proposée insiste sur l'importance des compétences à l'œuvre lors de la mobilisation du système d'information (10, p.7). Les habiletés à manipuler ce système se divisent en processus d'interrogation (requêtes) et processus de traitement des informations relationnelles (menus, liens). Ces deux processus sont matérialisés par la mobilisation du système d'information qui peut être décomposée en quatre éléments : la nature et la construction du problème, le bagage de connaissances disponibles, la pertinence supposée du système d'information et l'utilisation de l'interface.

La RI peut être représentée en trois étapes : Evaluation Sélection Traitement. C'est une activité complexe qui met en œuvre de nombreux processus mentaux et qui mobilise des compétences spécifiques.

Figure 1 : Modélisation de l'activité de recherche d'information

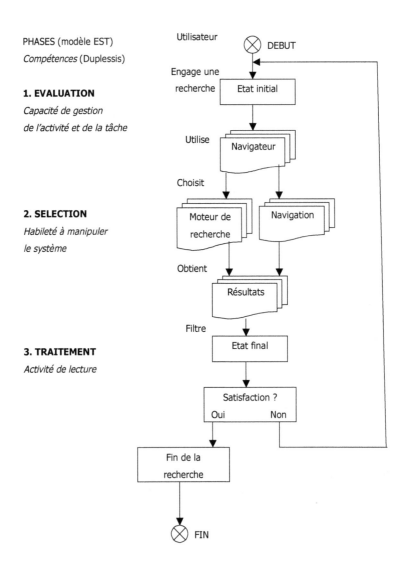

1.3 Différents comportements de recherche

Ici, c'est la manière de rechercher qui est étudiée : comment l'utilisateur recherche-t-il de l'information ? Les sciences de l'information postulent un rapport entre stratégies et compétences des utilisateurs.

Tout d'abord, NAVARRO-PIETRO (15) distingue deux types de stratégies adoptées par les utilisateurs: la stratégie ascendante « *bottom up* » et la stratégie descendante « *top down* ». La stratégie ascendante est caractérisée par le fait que les éléments de l'interface guident les processus de sélection et de traitement : les utilisateurs suivent les liens proposés par l'interface. Dans la stratégie descendante, c'est l'objectif qui guide l'interaction avec tel ou tel élément de l'interface qui serait susceptible de répondre aux buts de l'utilisateur : les utilisateurs inscrivent une requête dans un moteur de recherche (15).

En fonction de ces stratégies et de la représentation du but, l'utilisateur va adopter différents comportements de recherche.

Le modèle de l' « *information retrieval* » de BATES (6) est composé de trois éléments : l'usager, l'ensemble de documents et le spécialiste de l'information. Le besoin d'information est formulé par l'utilisateur en une question qui est convertie par le documentaliste ou le bibliothécaire en requête pour interroger le système. À partir de cette requête établie en langage contrôlé, le documentaliste retrouve les documents ayant été indexés avec ces mots clés. Le plan est construit sous forme de procédures et donc plus axé sur la méthode de recherche que sur le contenu. Il s'agit d'un modèle linéaire qui suppose que, lors d'un cycle de recherche, le besoin d'information est constant, c'est à dire que la représentation du but reste stable.

La définition du problème, ou besoin d'information, est au centre de la représentation en pivot proposée par MARCHIONINI (14). Cette représentation insiste sur les remises en cause que subit la représentation du but dues à l'interaction de l'usager avec le système lors des trois étapes de la RI. Dans cette optique, la recherche n'est pas linéaire, elle est envisagée comme une construction basée non seulement sur une traduction d'une question en requête mais aussi sur les allers et retours effectués par l'utilisateur en fonction des orientations apportées par la consultation des résultats.

Les représentations basées sur l'exploration de BATES (6) postulent que l'usager n'a pas une idée claire de ce qu'il cherche, que sa représentation du but est floue. Appelées aussi cueillettes de baies , ces représentations sont surtout valables pour l'activité de navigation. La recherche se « *construit au fil du chemin* » (8, p.88); l'utilisateur passe d'une interface à une autre, se laisse mener par ce qu'il trouve et délimite sa recherche au fur et à mesure, en fonction des informations récoltées.

Selon DENECKER, ces trois stratégies peuvent être attribuées à différentes catégories d'individus (8, p.102) :

- Le professionnel de l'information poursuit un but précis, dont le plan est construit sous forme de procédures. Il est plus axé sur la méthode de recherche que sur le contenu.

- L'érudit poursuit un plan orienté vers un but construit par l'attente d'un résultat en termes de contenu. Il a une idée précise du contenu qu'il cherche et réajuste en permanence sa stratégie. L'évaluation portera sur la pertinence du contenu des ressources proposées par le système.

- Le novice pratique la cueillette de baies et construit sa recherche au fur à mesure de son déroulement. La pertinence s'évalue sur les moyens proposés par le système et met en valeur l'organisation du système d'information.

Cette partie nous a permis d'observer les différentes étapes d'une RI. Les sciences de l'information nous permettent de distinguer différents types de stratégies adoptées par les utilisateurs. A partir de ce cadre conceptuel, nous allons maintenant nous concentrer sur les difficultés que rencontre l'utilisateur.

1.4 Difficultés rencontrées par l'utilisateur

Ces difficultés sont de deux ordres : celles liées aux limites du système cognitif humain et celles liées aux caractéristiques du Web.

Les notions d'utilité et d'utilisabilité vont nous permettre de mieux décrire ces limites. « *L'utilité d'un système d'information est l'adéquation entre la finalité de l'objet et le but de l'utilisateur, pour un domaine, une exploitation et un environnement donné* » (41, p.3). Nous pouvons donc affirmer que l'utilité d'un site Web peut être mesurée par la pertinence des réponses apportées à un besoin d'information. L'utilisabilité désigne dans le langage courant la facilité d'utilisation. Selon la norme ISO (*International Organization for Standardization*) 9241 citée par BOUCHER (38, p.9), l'utilisabilité est le « *degré selon lequel un produit peut être utilisé, par des utilisateurs identifiés, pour atteindre des buts définis avec efficacité, efficience et satisfaction, dans un contexte d'utilisation spécifié* ». L'efficacité désigne le fait que le produit permet à ses utilisateurs d'atteindre le résultat prévu, l'efficience concerne la minimisation des efforts nécessaires à l'utilisateur pour atteindre son but. La satisfaction est très subjective; elle considère le ressenti de l'utilisateur : le produit est-il agréable à utiliser ? tient-il ses promesses ? Un produit peut être utile, sans forcement être utilisable.

1.4.1 Limites du système cognitif humain

L'utilisateur pilote un instrument de navigation : l'utilisation des outils nécessite la mise en place d'un apprentissage. La relation homme-machine repose sur la délégation et pose les questions de contrôle, de confiance et de responsabilité. Les utilisateurs, pour avoir accès à l'information, doivent posséder une culture informatique minimale : maîtrise du système d'exploitation et d'un navigateur, manipulation d'une souris et d'un clavier. Les outils techniques peuvent être, même lorsqu'ils sont disponibles, rejetés par les utilisateurs pour différentes raisons. Tout d'abord, certains séparent comme Aristote les sciences nobles, celle de la pensée et celles inférieures des sciences appliquées. Ils refusent alors de s'investir dans la compréhension de ces produits. D'autres ont peur de ces technologies qu'ils ne comprennent pas ou peu : sont-elles fiables ? Les données personnelles sont-elles sécurisées ? Cette peur est renforcée lorsque le fonctionnement de l'outil n'est pas explicite. Il peut alors être utile de fournir des explications à l'utilisateur. Enfin, certains rejettent l'innovation car ils sont convaincus de son manque de pérennité : ils pensent être confrontés à un autre système dans un avenir proche.

La mémoire de travail est sollicitée à de nombreuses reprises lors d'une RI. La désorientation peut s'expliquer, d'un point de vue cognitif, par la capacité limitée de la mémoire de travail. L'individu doit rester concentré sur son but initial, tout en mémorisant les critères de recherche et en évaluant les résultats des recherches précédentes (8). La désorientation constitue une menace pour la représentation du but et entraîne une confusion pour l'utilisateur, qui perd le contrôle sur sa recherche.

Le langage constitue une autre limite. Le jargon ou vocabulaire procédural, qui réfère à la terminologie utilisée par les bibliothécaires pour désigner les concepts documentaires, est à l'origine de confusions (11). Les expressions fondamentales, ayant un sens pour les bibliothécaires n'en n'ont pas forcément pour l'utilisateur : par exemple, les mots source, référence et fichier (7). De même, la navigation demande une certaine maîtrise des concepts informatiques comme, par exemple, l'expression « cliquer dans le menu déroulant ». La terminologie employée doit donc être adaptée au vocabulaire des utilisateurs; il s'agit même d'un critère fondamental de l'utilisabilité du système.

Les spécificités des utilisateurs ont aussi leur importance. Le degré d'expertise de l'utilisateur influe sur la construction de la représentation du but et sur la stratégie adoptée. Le novice de la RI aura tendance à réfléchir en termes de procédures : il sera plutôt axé sur les moyens à mettre en œuvre. L'expert, lui, se concentre sur son but et la représentation mentale du contenu attendu. Si le système lui permet d'adapter sa stratégie, elle ne remet pas en cause sa représentation du but. Il est pertinent de proposer plusieurs modes de recherche et de navigation pour s'adapter aux compétences de l'utilisateur.

Nous avons mis en exergue le rôle des connaissances de l'individu dans l'activité de recherche. Nous allons voir maintenant celle de l'espace de recherche : le Web.

1.4.2 Limites du Web

Internet est devenu une source d'information incontournable, « *c'est sans conteste la plus grande base de données actuelle sur la plupart des sujets mais aussi la moins bien gérée* ». (13, p.236)

La première difficulté est aussi sa plus grande richesse : le système hypertexte. Celui-ci permet à l'individu « *d'utiliser en continu le document comme feedback pour l'élaboration de sa représentation du but, qui s'élabore et évolue au cours de la navigation »* (12). Cependant, à contenu égal, les *« documents de type hypertexte, non linéaires, entraînent généralement de plus faibles performances en compréhension »* que les textes (41, p.14). En effet, l'hypertexte demande à l'utilisateur de gérer en continu son but tout en navigant de manière associative, d'une idée à une autre, ce qui implique des efforts cognitifs importants.

Ensuite, Internet est un outil de communication qui permet la *« diffusion autonome et éclatée de tout type d'information »* (13, p.43). Si la chaîne de production est simplifiée grâce à la vulgarisation des outils de publication, cette évolution entraîne une confusion croissante devant la multitude et la variété des ressources. Le nombre de pages Web est très difficile à évaluer. Véronique Mesguich et Armelle Thomas avancent le chiffre de 60 milliards de pages dont un tiers recensé par les moteurs[2], tout en précisant qu'il s'agit d'une estimation grossière. Les ressources qu'on y trouve sont très variées : autant au niveau de leurs formes (images, textes, tableaux) que de leurs formats (lisibles en ligne : HTML, RSS (*Really Simple Syndication*) ou destinées à être exploitées par des applications externes comme le traitement de texte) (13). L'information est répartie dans de multiples sites Web, dans de nombreuses langues et n'est pas structurée. Les métadonnées, ensembles structurés de données créés pour fournir des informations sur des ressources électroniques, peuvent contenir des informations sur le contenu. Si l'utilisation des métadonnées se normalise, elle est encore loin d'être généralisée.

En plus des éléments liés à la forme du document, le contenu informatif porte à confusion. L'identification de la source et des objectifs de la ressource est aussi plus difficile : la distinction entre information commerciale, journalistique, promotionnelle, politique, expressive (page personnelle et blog) et information scientifique n'est pas toujours évidente. Cela entraîne des problèmes d'évaluation et plus largement de validation de l'information. De plus, l'information commerciale, c'est à dire payante, n'est pas souvent signalée comme telle. La mise à jour en continu et l'instabilité des liens posent aussi des problèmes au niveau documentaire; il devient difficile de dater et de citer l'information.

Pour accéder à l'information sur le Web, l'internaute dispose de quatre catégories d'outils :

- La navigation arborescente, que l'on retrouve sur le plan d'un site ou dans un annuaire, est une démarche systématique, du général au particulier. Les annuaires sont produits par des personnes sur la base de classifications pré-établies.

- La navigation hypertextuelle, caractéristique des liens entre les pages Web d'un site par exemple, est une démarche associative, d'une notion à une autre.

- La recherche sur les métadonnées, présente sur les catalogues ou les bases de données, porte sur une information indexée et structurée. On l'appelle aussi RDI (Recherche Documentaire Informatisée). La démarche d'indexation de l'information repose sur la recherche par champs documentaires et la logique booléenne.

- La recherche sur le texte intégral, modèle des moteurs de recherche type Google. Les moteurs travaillent de manière automatique en indexant le texte intégral des pages. C'est le mode de recherche dominant sur le Web. Ce sont les outils qui recensent le plus grand nombre de pages. La plupart privilégient la quantité à la qualité Les métamoteurs, quant à eux, ne maintiennent pas d'index mais permettent de rechercher simultanément dans les index de plusieurs moteurs de recherche.

Les modes d'accès à l'information « *induisent des compétences, des comportements, des pratiques et des résultats très différenciés* » (18). Concernant la navigation, la profondeur (nombre de menus, de niveaux d'arborescence...) et la largeur (nombre de liens hypertextes) des sites Internet peuvent être facteur de désorientation. De plus, « *le lecteur n'est jamais entièrement libre de son exploitation* » (8, p.102). Les partisans de la recherche en texte intégral avancent que la requête de l'usager est souvent plus proche des mots du texte d'origine que de la notice bibliographique qui lui est associée (28). En effet, dans une recherche sur les métadonnées il est important de bien connaître le fonctionnement de l'indexation pour réussir ses recherches. Cependant la recherche sur le texte intégral pose aussi d'autres problèmes : il est nécessaire de savoir exactement les mots que l'on souhaite trouver à l'intérieur du document. L'orthographe et la synonymie peuvent être sources d'erreurs (5).

Nous avons présenté le mécanisme de la RI puis les difficultés rencontrées lors d'une RI en ligne; c'est à dire, principalement, la difficulté d'accéder à l'information utile. Nous allons maintenant tenter de comprendre en quoi les portails d'information mis à disposition par les bibliothèques contournent ces limites pour faciliter l'accès aux ressources.

---

[2] MESGUICH Véronique, THOMAS Armelle. Net recherche: le guide pratique pour mieux trouver l'information utile. 2° Ed. augm. et mise à jour Paris, Lavoisier, 2007. Col. Sciences et techniques de l'information. 160p. ISSN 1762-8288

2 Les portails

2.1 Historique

Nous avons évoqué dans la première partie quelques problèmes rencontrés par les utilisateurs lors d'une RI. Nous supposons dans cette seconde partie que les portails, très à la mode dans les bibliothèques et centres de documentation, permettent de contourner ces difficultés. Nous allons tout d'abord proposer un rapide historique de ce concept dans son sens informatique, puis après avoir survolé les différentes générations de sites Web des bibliothèques, nous définirons plus précisément les portails d'information. Nous tenterons de comprendre en quoi les fonctions caractéristiques du portail facilitent ou non la RI. Les éléments techniques ne seront pas détaillés et seuls ceux nécessaires à la compréhension du fonctionnement d'un portail seront abordés.

Le concept de portail utilisé dans le domaine informatique a désigné plusieurs générations de sites Web. Apparu dès la création du World Wide Web, il a d'abord désigné un accès Web à partir d'un service télématique indépendant, comme AOL ou CompuServe. Dès lors que l'accès au Web se fait principalement de façon directe, sans passer par un de ces services (1994), il désigne les sites Web qui donnent accès de façon organisée à d'autres sites Web, ou à des contenus provenant d'autres sites Web. Dans cette première phase, les portails centralisent de nombreux liens donnant accès à d'autres sites Web permettant à l'utilisateur d'obtenir des ressources sur un domaine. Certains préfèrent l'usage de passerelles ou « *gateways*», (25) pour définir ces sites qui aiguillent l'utilisateur vers d'autres sites.

Dès 1998, les portails personnalisés, comme Mon Yahoo ![3] permettent à l'utilisateur de définir le fond et la forme du site Web. Celui-ci sélectionne à partir de nombreuses catégories, les thèmes qui l'intéressent : sport, politique par exemple. Ensuite, il sélectionne les modules qu'il souhaite voir apparaître sur son espace personnel. Les modules sont des éléments structurant de l'interface utilisateur. Ce contenu peut être aussi pré-paramétré par le système en fonction d'informations recueillies : ville de résidence, secteur d'activité, signe astrologique, ... Ces informations basiques permettent aux portails de fournir des contenus appropriés : météo, offre d'emploi ou horoscope... Ces portails permettent aussi une personnalisation de la mise en page en termes de couleur, de langue, de taille de police... Cette seconde génération de portails Web propose toujours un accès centralisé, mais il permet surtout l'agrégation et l'affichage personnalisés de contenus provenant de différents sites Web. Cette souplesse d'utilisation est permise grâce à une architecture plus flexible, des protocoles de communication plus ouverts et une interopérabilité plus poussée (35). Il permet à l'utilisateur de centraliser l'affichage de ses informations préférées et de définir son interface de recherche et de navigation : il s'approprie et s'aménage un

---

3 Yahoo. Mon Yahoo [En ligne]. [Consulté le 4 juillet 2007].<http://fr.my.yahoo.com>

espace sur le Web qu'il pourra, grâce à une identification, retrouver à partir de n'importe quel poste connecté à Internet (25, p.16).

Dès 1999, les institutions et les entreprises disposent de leur propre offre portail. En plus des caractéristiques des portails énoncés plus haut, les portails institutionnels s'adressent à un public identifié : ils offrent un point d'accès unique à l'information dédiée aux membres de l'institution. Celle-ci peut être produite en interne ou en externe, inclure des ressources d'information locales ou distantes, des services en lignes (service de références, réservation de salle…) et des outils collaboratifs (chat, mail, agenda…).

Les portails visent à limiter le bruit caractéristique des recherches d'information sur les moteurs de recherche afin de contrer le phénomène de désorientation. Ils faciliteraient l'accès à l'information, aussi nombreuse et diverse soit elle, ce qui présente un intérêt pour l'accès aux ressources et aux services des bibliothèques.

2.2 Portails d'information des bibliothèques

Les bibliothécaires ont pu voir dans la RI sur le Web une concurrence à leur rôle de médiateur. Si tout est disponible en ligne, pourquoi faire appel à un professionnel ? Nous avons vu dans la première partie que, lors d'une recherche sur le Web, l'utilisateur est face à une profusion d'information dont la majorité n'est pas pertinente pour lui. La référence qu'incarne la bibliothèque permet à l'utilisateur de naviguer dans une sélection de sources et de ressources validées et organisées par un professionnel. Les bibliothèques ont vite compris l'enjeu et les avantages du Web et ont optimisé, depuis l'apparition du Web, leur offre en ligne. Nous allons présenter plusieurs étapes de cette informatisation.

La première génération de sites Web est celle du site vitrine. Outil de communication uniquement, il présente l'identité et les activités du service d'information. Il est « *vitrine de l'organisation administrative de la bibliothèque physique* » (23, p.52). En fait c'est une transposition sur le Web du guide du lecteur, avec horaires d'ouverture, présentation des services et des collections…

Dès 1992 (5), certaines bibliothèques américaines proposaient de consulter via une interface Web appelée OPAC (*Online Public Access Catalog*) leur catalogue en ligne. Le catalogue est géré par un SIGB (Système Intégré et de Gestion de Bibliothèque), qui assure les fonctions de gestion du fonds et des emprunts. La consultation des documents imprimés passe désormais par l'utilisation d'un ordinateur. De plus, les bibliothèques proposent les liens vers des ressources électroniques externes comme les bases de données ou les périodiques électroniques. Certains documents sont de plus accessibles et téléchargeables en ligne. Il s'agit d'une réelle rupture : le lien entre les collections imprimées du catalogue et la documentation en ligne est établi (22). Puis les sites intègrent progressivement certains services de la bibliothèque : renseignement en différé (mail ou formulaire), renseignement en temps réel (chat ou forum) et des services d'alerte (version numérique du bulletin de sommaire et enregistrement de requête).

La bibliothèque devient hybride, fédérant toutes sortes de ressources documentaires de nature hétérogène, de sources externes autant qu'internes. Cela entraîne une « *nouvelle forme de bibliothèque, qui prend désormais corps autant à travers un système d'information documentaire qu'à travers un bâtiment*» (23, p.54). Un pas est encore franchi : non seulement la consultation des documents physiques passe par le site Web, mais certains documents ne sont disponibles qu'au format électronique. Cet espace virtuel n'est pas concurrent de l'espace réel, il permet aux professionnels de valoriser leur fonds et leur offre de service (20).

Enfin, les portails, dernière génération de sites, intègrent la totalité des ressources et services décrits ci-dessus mais permettent aussi de fédérer l'interrogation de l'ensemble des ressources de la bibliothèque et de personnaliser le contenu et la forme de l'interface. Il permet aussi de moduler l'architecture du site en fonction des usages. Le premier logiciel qui répond à la définition de portail de l'ELAG (*European Library Automation Group)*[4] : «*application qui permet un unique accès de recherche de découverte via une interface unifiée organisant des ressources hétérogènes et permet des services spécifiques aux utilisateurs*», est lancé sur le marché en 2001 (25). Les portails d'information se concentrent prioritairement sur l'accès à une gamme d'informations et de services ciblés pour ses utilisateurs.

Un portail est un point d'accès organisé pour identifier, traiter, valoriser et diffuser de l'information. Conçus pour répondre aux besoins spécifiques des bibliothèques, les portails visent à faciliter la RI des usagers (29). De nombreuses bibliothèques lancent des projets portail pour améliorer le processus de recherche dans les ressources documentaires et améliorer le service à l'utilisateur. Nous allons présenter le fonctionnement général des portails en nous concentrant sur les apports de ce type de sites pour l'utilisateur.

2.3 Description fonctionnelle d'un portail

Les portails ajoutent aux sites Web classiques de nombreuses fonctionnalités optimisant la fonction centralisatrice des ressources du centre de documentation et permettant de développer la personnalisation et l'adaptabilité (25). Les fonctions sont entendues ici comme ce qui est rendu possible pour l'utilisateur : fonction d'impression, de recherche, de navigation. Les fonctionnalités désignent les actions internes et spécifiques à un logiciel qui permettent d'accomplir ces fonctions.

Un portail n'est pas un bloc, il est constitué de « *plusieurs composants en dialogue permanent* » (27, p.8). Le socle du portail documentaire sert à identifier, authentifier et déterminer les autorisations pour

---

[4] ELAG (European Library Automation Group). Semantic Web and Libraries 26 Library Systems Seminar [en ligne], 17-19 av. 2002, Rome [consulté le 4 septembre 2008]. <http://www.ifnet.it/elag2002/>

permettre à l'utilisateur de se connecter et de retrouver son espace personnalisé. Un portail fournit 5 fonctions de bases :

- Des fonctions de gestion des contenus Web qui facilitent le processus de publication d'information et la mise en ligne de documents par rapport aux éditeurs HTML classiques, grâce aux fonctions de CMS (*Content Management System*).

- Un moteur de recherche fédérée sur un ensemble de ressources, acquises ou produites par l'université et indexées dans de multiples bases de données.

- Des services personnalisés liés à la recherche documentaire (sélection de ressources, panier, enregistrement de recherches,...).

- Des fonctions d'indexation des ressources électroniques qui ne peuvent être gérées, dans l'OPAC: fonctions de GED.

Nous avons sélectionné, parmi les fonctions citées ci-dessus, celles ayant rapport à l'accès à l'information et particulièrement la RI et la navigation. Nous détaillerons ces fonctions du point de vue de l'utilisateur, en limitant volontairement notre étude à son expérience.

2.4 Impact sur l'accès à l'information

2.4.1 Accès unifié

Comme le portail institutionnel, le portail d'information met à disposition des contenus « *à destination d'utilisateurs répartis en différentes catégories, ayant chacune leur profil en fonction de leur problématique, expertise, disponibilité* » (26, p.1). La gestion des droits d'accès est fondamentale. Le portail, site vitrine, permet une consultation limitée des ressources. Pour accéder à l'intégralité des services proposés, il est nécessaire de s'identifier grâce au code utilisateur fourni par l'institution.

L'identification désigne l'action réalisée par l'utilisateur lorsqu'il fournit son identité au portail en saisissant son identifiant et son code d'accès. L'authentification est l'action de vérification de cette identité par le site Web dans notre contexte via l'annuaire LDAP (*Lightweight Directory Access Protocol*). L'annuaire LDAP est un des protocoles d'annuaire sur le Web. Ce référentiel, en gérant les identités des utilisateurs permet d'intégrer le site Internet de la bibliothèque dans l'ENT (Environnement Numérique de Travail). L'ENT est « *un outil informatique de fédération d'éléments existants déjà et qu'il chapeaute en permettant à chaque utilisateur de trouver en une seule localisation tout ce dont il a besoin dans un cadre précis, professionnel et/ou éducatif* » (19, p.36). L'annuaire LDAP, commun à l'ensemble de l'institution HEC, prend en charge l'authentification des utilisateurs sur chacune des interfaces proposées par celle-ci : intranet, extranet, site de la bibliothèque...

Pour assurer la continuité de cette authentification à l'ensemble des ressources internes à l'institution (différents sites Web, mais aussi catalogue, base GED...), le. Ce procédé permet à l'utilisateur, en s'identifiant une seule fois, d'avoir accès à l'ensemble des ressources internes qui lui sont dédiées.

Un proxy est un logiciel d'accès et d'authentification à de nombreux fournisseurs de contenu, notamment les éditeurs de revues et de bases de données. Compatible avec l'annuaire LDAP, il permet la connexion et la consultation à distance y compris des ressources payantes. Le portail du fournisseur de contenu prend en charge l'authentification du portail documentaire et par extension de ses usagers identifiés.

Cette gestion des identités est cruciale: elle permet de déterminer des droits d'accès, de consultation et d'utilisation de services en fonction du statut de l'utilisateur mémorisé dans l'annuaire LDAP. Le portail doit aussi permettre un fonctionnement en mode non identifié pour assurer son rôle de site vitrine en offrant une consultation limitée des informations (27).

Figure 2 : Accès au système d'information de l'institution

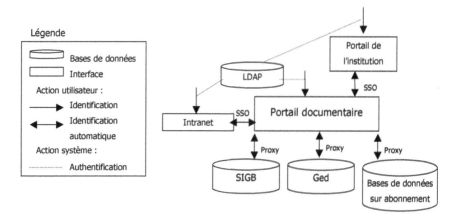

Lorsqu'il se connecte à une des interfaces de l'institution, l'utilisateur s'identifie. Lorsqu'il navigue ensuite d'une interface à une autre (double flèche) l'authentification est transparente puisqu'il n'a pas à s'identifier à nouveau : le SSO et le proxy assure cette procédure automatiquement.

Les différentes solutions techniques énoncées sécurisent l'utilisation des ressources, notamment payantes, proposées par l'institution, tout en permettant à l'utilisateur de s'identifier une seule fois lorsqu'il se connecte sur une des interfaces proposées et d'accéder à l'ensemble des applications et ressources.

2.4.2 Accès centralisé à la recherche

Si la bibliothèque donne accès via une interface unique à l'ensemble de ses ressources, trouver l'information s'avère parfois fastidieux pour l'utilisateur qui doit interroger successivement le catalogue, les revues et les bases de données. Il doit alors utiliser des interfaces et des modes d'interrogation différents. Pour faciliter cette interrogation, le moteur de recherche fédérée dispose de trois fonctions essentielles : la présentation structurée des sources d'information afin de faciliter la sélection par l'usager des bases à solliciter; la saisie et la transmission de la requête des usagers aux bases sélectionnées dans une syntaxe adaptée et l'affichage des résultats de la recherche.

Ces fonctionnalités poussées de recherche et de récupération de l'information sont rendues possibles grâce à l'utilisation de normes d'interopérabilité. Ces normes permettent au système d'échanger des ressources avec d'autres systèmes grâce à l'utilisation de langages et de protocoles communs (40).

Le résolveur de liens apporte une réponse adaptée à la problématique de l'intégration de ressources documentaires et de la mise à disposition de l'information. Il se fonde sur l'OpenURL qui normalise la description bibliographique dans une URL ainsi que le transport de ces informations entre deux services : la source, généralement une base de données ou un catalogue et la cible, une liste de résultats de requête par exemple. Plus concrètement, un « résolveur de liens » analyse les données bibliographiques et propose de manière contextuelle des liens vers les ressources. Par exemple, lors de la visualisation de la liste des résultats d'une requête, le résolveur de liens proposera, pour chaque article, un lien direct vers le texte intégral en ligne si celui-ci est disponible ou bien un lien vers la notice de la version papier du document dans le catalogue de la bibliothèque (27).

A la différence d'un métamoteur, le moteur de recherche fédérée n'interroge pas que d'autres sites Web, il interroge des bases de données bibliographiques ou en texte intégral et proposent à l'utilisateur de sélectionner les ressources interrogées par bouquets. Les bouquets permettent de regrouper des sources de même nature (articles de presse); ou de même type (informations boursières par exemple).

A l'affichage, le moteur de recherche propose différentes options : la catégorisation thématique, le dédoublonnage, le tri sur chacun des champs et le résolveur de liens pour localiser la ressource.

Parmi les différentes modalités de catégorisation, la classification à facettes proposée par certains OPAC de nouvelle génération, nous paraît particulièrement intéressante. Une classification à facettes attribue aux sujets « *les aspects, les propriétés ou les caractéristiques d'une classe ou d'un sujet spécifique, définis clairement, exclusifs les uns des autres et exhaustifs dans leur ensemble* » (31, p.1). La classification à facettes consiste à donner une vision globale des ressources, « *sous forme de ventilation de ces réponses suivant diverses catégories accompagnées du nombre d'occurrences* » (32, p.2). L'utilisateur, en sélectionnant une facette, restreint les ressources mises à sa disposition selon ses propres critères. Les facettes des résultats obtenus permettent à l'utilisateur de préciser sa demande en fonction des éléments contenus dans la base; il n'est pas nécessaire pour lui de connaître le système ni son fonctionnement pour affiner ou au contraire élargir sa recherche. Ce type de navigation est apparu sur des sites Web en-dehors du monde des bibliothèques. On la trouve sur eBay, Amazon et la plupart des sites marchands (32).

Les classifications à facettes, à la différence des classifications hiérarchiques, offrent plusieurs chemins pour localiser un sujet. Ce type d'affichage, s'il permet d'avoir une vision générale des résultats d'une requête, entraîne souvent la multiplication des cadres sur l'interface : un pour les facettes , un pour des restrictions par sujet, par auteur et un autre présentant les termes associés. Cette multiplication de cadres n'est pas forcément très lisible pour l'utilisateur novice (30).

Enfin, le moteur de recherche fédérée offre aussi des fonctions d'exploitation : il permet de mémoriser les requêtes, de consulter l'historique des recherches et de définir des alertes basées sur une requête définie par l'usager, mémorisée par le portail et déclenchée périodiquement pour prévenir l'usager des nouveautés (27).

Cette interface unique pour l'ensemble des recherches limite les efforts d'apprentissage et de formation, ce qui constitue un gain de temps évident pour les utilisateurs et les administrateurs. Il faudra veiller à signaler clairement l'origine de chaque ressource présentée à l'affichage des résultats et à rendre possible une interrogation mono source. Après avoir centralisé l'accès aux ressources, le portail doit aussi en organiser l'accès.

2.4.3 Accès organisé

L'utilisateur pense sa stratégie de recherche en fonction du contenu attendu et des contraintes imposées par le SI. Le portail propose un moteur de recherche fédérée qui permet une recherche par requête qui correspond bien aux représentations du but précises. Le portail met aussi à disposition une navigation plus classique : la navigation hypertextuelle.

L'architecture de l'information est la structure d'organisation des informations dans une application et les moyens de navigation pour lier ces informations (40). Le plan de site, représentation visuelle de l'architecture de l'information d'un site Web, représente chacune des pages du site et les interactions entre ces pages.

L'arborescence hiérarchique est un modèle souvent utilisé dans les navigations arborescentes comme les plans de sites Web. Les sujets sont organisés par classes, divisions et subdivisions. Un sujet est classé à un endroit unique et ne peut être retrouvé que par un seul chemin. L'utilisateur, s'il n'est pas familier de ce système de classification, doit faire une série d'essais et d'erreurs afin d'en comprendre la logique. De plus, « les similitudes, ressemblances et différences invoquées par Aristote et que gèrent la plupart des *systèmes de classification hiérarchique ne sont pas toujours des relations universellement acceptées. Elles sont influencées de façon significative par notre société et peuvent varier d'un groupe à l'autre en fonction de sa culture et de ses besoins* » (31). Ce type de classification ne permet pas de tenir compte de la diversité des besoins, activités et modes de pensées des utilisateurs lors d'une RI.

L'architecture du site a un impact sur son utilisabilité : facilité d'utilisation, facilité d'apprentissage et satisfaction de l'utilisateur. Les conseils d'un spécialiste en ergonomie permettront d'atteindre une meilleure adéquation entre caractéristiques humaines et caractéristiques de la machine (40). Si le portail ne modifie pas fondamentalement ces problématiques, la facilité et la souplesse de publication offerte par le CMS aide à la création d'un plan de site qui facilite son utilisation. Grâce à la séparation entre la forme et le fond, il est possible de positionner les ressources à plusieurs endroits dans le site et de créer des interfaces adaptées par type de public. Pour améliorer la qualité du service rendu, la personnalisation et l'adaptation du portail permettent de s'adapter aux spécificités de l'utilisateur.

2.4.4 Accès personnalisé

La notion d'offrir un service individualisé n'est pas nouvelle. En effet, le marketing et la publicité ont depuis longtemps reconnu que le ciblage de consommateur spécifique a des effets sur la fidélisation. Ces théories se retrouvent dans de nombreuses stratégies, comme le marketing ciblé, la segmentation des marchés et le marketing des niches. Nous retiendrons la définition selon laquelle la personnalisation réfère à l'information sur mesure adaptée aux besoins d'un individu. Celle-ci peut correspondre à deux thématiques : ses centres d'intérêts ou les activités qu'il doit accomplir. Nous distinguerons ici l'adaptabilité, réalisée grâce à l'interaction système - utilisateur et l'adaptativité, permise grâce à une intervention des concepteurs (2).

2.4.4.1 L'adaptabilité

Grâce à une authentification, l'utilisateur retrouve ses préférences personnelles à partir de n'importe quel poste. Ces préférences sont définies manuellement par l'utilisateur (choix d'un modèle par exemple) ou par réaction du système (enregistrement d'une requête). Nous appellerons adaptabilité l'ensemble des fonctions qui permettent à l'utilisateur de personnaliser son interface.

Les ressources et services personnalisés proposés sont visualisables par les groupes d'utilisateurs autorisés. Parmi eux : l'accès au compte lecteur du SIGB, l'enregistrement de documents, de ressources favorites, ou de recherches, la possibilité de formuler des suggestions ou des demandes à la bibliothèque (35).

Pour fournir une information customisée, les interfaces Web emploient trois grandes pratiques (37) :

- Le système manuel de prise de décision par l'utilisateur, qui explicite son besoin tant au niveau de la forme : modèle (choix des couleurs, de la taille des caractères) que du contenu.

- Le filtre basé sur le contenu qui analyse les comportements navigationnels de l'utilisateur : à partir de l'historique de recherche, le système propose des ressources.

- Le filtre basé sur le collaboratif qui cherche les points communs entre utilisateurs : c'est le modèle du « ceux qui ont aimé ce livre ont lu aussi ». Cette technique n'est pas toujours pertinente, mais comme le montre le succès d'Amazon, très appréciée des utilisateurs.

Dans les deux dernières pratiques, le choix d'ajouter ou non l'information proposée par le filtre revient toujours à l'utilisateur. Dans cette optique, les interfaces sont dites adaptatives; en effet, elles doivent avoir la capacité de s'adapter aux besoins, intérêts, préférences et connaissances individuelles des utilisateurs. La customisation ne doit pas, pour être utile, prendre trop de temps à l'utilisateur : il faut qu'il en comprenne l'utilité et ne la considère pas uniquement comme un élément ludique pour se l'approprier (34).

Pour faciliter la personnalisation des interfaces, ces dernières proposent des fonctionnalités dites riches. Les RIA (*Rich Internet Application*) sont les technologies qui permettent de s'affranchir des contraintes nées du Web de première génération, parfois appelé Web 1.0 par opposition au Web 2.0. Elles permettent notamment à l'internaute d'effectuer des actions qui étaient jusqu'alors réservées aux applications de bureau, comme le glisser/déplacer. De plus, ces interfaces reposent sur des technologies relativement récentes comme la mise à jour automatique des contenus, via les fils RSS, ce qui constitue un facteur de réactivité supplémentaire. D'une manière globale, les interfaces riches améliorent l'ergonomie des applications (40).

2.4.4.2 L'adaptativité

En plus de ces pratiques permises par la réaction du système, d'autres sont possibles grâce à l'intervention des concepteurs : c'est « *l'institution qui décline l'apparence du portail de multiples façons afin de susciter l'intérêt de chaque catégorie* » (27, p.9). Cela permet de personnaliser la navigation (le plan du site) en fonction du profil de l'utilisateur. Grâce à la gestion de groupes définis dans l'annuaire LDAP, l'institution peut décliner plusieurs versions du portail adaptées aux différents publics cibles.

Ces profils de groupes sont créés selon un processus : il s'agit tout d'abord de recenser l'information de l'institution, puis les besoins de l'utilisateur. Ensuite, des points communs sont établis entre ces deux groupes, ils sont catégorisés et décrits. « *Pour leur donner ce qu'ils veulent, vous devez savoir qui ils sont* » (33, p.31). Les profils ainsi créés s'ils sont pertinents, améliorent l'activité de recherche en réduisant le bruit et le sentiment de désorientation. Les profils peuvent être divisés en deux catégories : démographique (identité) et transactionnel (activité). Ils sont souvent utilisés dans les intranets pour les groupes métiers, par exemple. Le développement des profils doit permettre d'identifier les besoins en produits et services d'information, les problématiques d'accès et de consultation et les attentes des utilisateurs (33). Enfin, il faut veiller à évaluer régulièrement la pertinence de ces profils et prévoir des évolutions régulières. En effet, les profils sont réalisés « *à un moment T* » (36, p.130) et n'ont pas de validité assurée dans le temps.

Les accès par profils d'utilisateurs permettent d'augmenter la satisfaction et la reconnaissance des usagers envers la bibliothèque qui a su anticiper leurs besoins. Même si l'on peut considérer cette sélection de ressources comme un appauvrissement quantitatif de l'information disponible sur le Web, elle permet à l'utilisateur de mieux maîtriser ses activités de recherche et valorise ainsi le travail en amont réalisé par la bibliothèque.

Des études analysent la relation entre la personnalisation et les attitudes des utilisateurs (34). Selon elles, la customisation entraîne une perception de pertinence pour l'utilisateur et un sentiment de contrôle puisque le système réagit aux actions de l'utilisateur. De plus, la customisation pourrait influencer le niveau d'engagement. Il peut être évalué par le niveau de correspondance entre les associations, les références personnelles de l'utilisateur et le contenu du message. Le sentiment d'appartenance est aussi un des facteurs d'attrait. Appartenance à son groupe d'origine, par exemple l'institution de rattachement, mais aussi appartenance aux groupes d'utilisateurs, par opposition à ceux qui n'utilisent pas le service.

La personnalisation permet de faciliter l'accès aux ressources et de créer une vision positive du service proposé par le portail. « *Les utilisateurs disposant d'une interface très customisée, cliquent sur moins de liens que les autres et les utilisateurs ayant customisé leur interface, retournent cinq fois plus facilement sur le site déjà visité que des utilisateurs navigant sur des sites non customisés* » (34).

La mise en place d'un portail demande une réflexion préalable exhaustive autant sur l'offre de la bibliothèque que sur la demande de ses usagers. Ses fonctions permettent un bénéfice pour l'utilisateur qui dispose d'un accès unifié, organisé et personnalisé à l'ensemble des ressources et services de la bibliothèque. Après avoir étudié l'activité de RI et les apports des portails, nous allons maintenant exploiter ces connaissances pour mener une réflexion sur les spécificités fonctionnelles du projet portail de la bibliothèque HEC.

3 Le projet portail d'information de la bibliothèque HEC : définition des fonctions attendues

3.1 Méthodologies

L'objectif de cette partie est de dégager les fonctions attendues du portail, projet actuel au sein de la bibliothèque HEC. Notre étude s'est concentrée sur les apports en termes de RI : il s'agit de décrire ce que ces fonctions apportent à l'utilisateur et d'identifier des critères d'évaluation.

3.1.1 Approche marketing

Tout d'abord, l'analyse de l'existant permettra d'établir un diagnostic concernant les besoins et les possibilités. Nous nous appuierons ici sur l'analyse marketing. Approche orientée client, elle permet d'évaluer l'ensemble du service d'information en trois étapes. L'analyse interne du service vise à identifier les forces et les faiblesses en termes de moyen, d'activité et de gestion. L'analyse externe identifie les risques et les menaces liés à l'environnement. L'analyse du public permet de connaître ses activités et son fonctionnement, d'identifier et de définir ses pratiques et besoins d'information. Cette analyse repose sur des données quantitatives, pour connaître l'usage du service d'information et qualitatives, pour déterminer les caractéristiques et les attentes du public (44).

L'approche marketing place l'usager des services documentaires au centre de ses préoccupations afin d'améliorer l'adéquation entre besoins et services. L'analyse marketing est valable à un moment précis; il est donc nécessaire de la réactualiser régulièrement afin de prendre en compte l'évolution des besoins.

3.1.2 Approche qualité

Pour formuler les fonctions attendues du portail, nous nous inspirerons de l'analyse de la valeur. C'est une méthode « *organisée et créative ayant pour but d'augmenter la valeur d'un produit, d'un système ou d'un service* » (43, p.29). Elle s'applique aussi bien à la conception de nouveaux produits qu'à l'amélioration de produits existants. L'analyse fonctionnelle vise à exprimer le besoin en termes de services attendus plutôt qu'en termes de solutions. Il s'agit de rechercher, d'ordonner et de caractériser l'ensemble des fonctions attendues.

Nous ne proposerons aucune solution technique mais seulement des principes de solutions : seuls les services attendus par les utilisateurs sont formalisés. Cette analyse fonctionnelle s'accompagne souvent d'une analyse concurrentielle. Concrètement, cela consiste à « *aller voir chez le voisin comment il fait* » (38, p.260). L'analyse concurrentielle se décompose en quatre étapes : la sélection du panel, le choix des critères d'évaluation, l'étude et enfin l'analyse des résultats.

3.2 Analyse de l'existant

3.2.1 Analyse externe

Créée en 1881, l'école HEC est un établissement d'enseignement supérieur de gestion situé à Jouy-en-Josas. Actuellement dirigée par Monsieur Bernard Ramanantsoa, l'école est rattachée à la CCIP, ce qui crée un lien direct entre le monde académique et celui des affaires. Le service d'information dépend du Doyen du corps professoral et du Secrétariat Général de HEC Paris qui fixe son budget d'acquisition.

Le service bénéficie du soutien de la direction qui considère le service bibliothèque comme un support essentiel de la pédagogie et de la recherche. Le financement des projets n'est pas autonome : en effet, rattaché à la CCIP (établissement public), HEC est soumis aux règles du marché public et aux appels d'offres. Enfin, le site Web de la bibliothèque a été réalisé par le service informatique, qui est chargé de ses évolutions techniques. La bibliothèque n'a la main que sur le contenu et doit donc faire appel au service informatique, souvent surchargé, pour faire évoluer le site. Cette situation entraîne un problème de positionnement des deux services par rapport au site Web de la bibliothèque et provoque des dysfonctionnements.

La bibliothèque fait partie d'un réseau international de bibliothèques d'écoles de commerce. Cela lui permet d'échanger des informations, d'obtenir des conseils et d'avoir un poids plus important lors des négociations avec les fournisseurs. Ces bibliothèques partenaires sont aussi concurrentes et elles se montrent très innovantes[5]: la bibliothèque HEC se doit donc d'être à la hauteur.

---

[5] Cf. partie 3.4.1 Analyse comparative fonctionnelle

3.2.2 Analyse interne

3.2.2.1 La bibliothèque

La bibliothèque a pour mission de sélectionner, acquérir, analyser et diffuser des ressources documentaires adaptées aux besoins des différents publics d'HEC. Elle a un rôle pédagogique : former à l'utilisation, à la recherche, à la sélection, à l'analyse et à la citation des sources d'informations.

La bibliothèque propose des collections spécialisées sur les sciences de gestion, sur l'entreprise et les marchés et un fonds de culture générale. La bibliothèque HEC est présente sur deux sites : la bibliothèque de Jouy en Josas et la médiathèque EMBA (*Executive Master of Business Administration*), située porte de Champerret. Les seize collaborateurs du service sont caractérisés par leurs fonctions au sein de la bibliothèque. La Bibliothèque est organisée en six pôles de compétences (Ouvrages et communication, Périodiques et accueil, Prêt entre bibliothèques, Mémoires et thèses, Nouvelles technologies éducatives, Formations et Médiathèque EMBA).

3.2.2.2 L'environnement numérique de travail

L'ENT est « *un dispositif global fournissant à un usager un point d'accès à travers les réseaux à l'ensemble des ressources et des services numériques en rapport avec son activité. Il est un point d'entrée pour accéder au système d'information de l'établissement. L'établissement d'enseignement est le périmètre de référence de l'espace numérique de travail du point de vue de l'usager* » (24, p.2).

L'ENT est composé à HEC du site Internet de l'institution, de l'Intranet HEC qui fournit les ressources pédagogiques du programme, de l'intranet CCIP (Chambre de Commerce et d'Industrie de Paris), de la plateforme Crossknowledge qui propose des modules d'auto formation en ligne, d'espaces de travail collaboratif nommés E Place et de la plateforme eTemptation pour gérer les congés et les pointages.

De plus, l'accès aux ressources et services de la bibliothèque s'effectue à partir de deux sites Web. L'un, « officiel », dont nous décrirons les services et ressources dans la partie suivante. L'autre, réalisé en 2003 pour le pôle Médiathèque et adapté à ses spécificités, n'est plus mis à jour par manque de temps depuis 2006. La mission à l'origine de mon stage était la refonte de ce site. Il a paru, étant donné la simultanéité du projet portail, plus approprié de réfléchir sur les contenus spécifiques à développer sur le portail pour ce public[6].

Le réseau HEC est composé de 3 500 points de connexions Internet et de 80 bornes Wifi. Le parc informatique est majoritairement de type PC sous Windows, mais comme l'accès se fait de plus en plus à

---

[6] Cf. partie 3.4.8 Fonctions d'adaptativité par profil

distance et depuis des postes personnels, le réseau est compatible avec l'ensemble des systèmes d'exploitation et des navigateurs.

3.2.2.3 Les ressources et services en ligne

Parmi les ressources mises à disposition par le service bibliothèque sur son site Internet, on peut distinguer les ressources externes acquises par l'université et les ressources produites par l'institution.

Ressources acquises

- Ouvrages de gestion.
- Périodiques français et étrangers.
- Périodiques en ligne en texte intégral.
- Bases de données en ligne.
- Sites Internet gratuits référencés.

Ressources produites

- Par les professeurs :
    - Cahiers de recherche.
    - Sites Studies des professeurs.
    - Etudes de cas en ligne.
- Par les étudiants :
    - Mémoires et rapports de stages.
    - Thèses de doctorat.
- Par la bibliothèque :
    - Base de données bibliographique (catalogue).
    - L'actualité du dirigeant (revue de presse bibliographique sur le management).
    - Guides méthodologiques.
    - Supports de formation.
    - Blog dernières acquisitions (fonds de culture générale et de gestion).
    - Bibliographies spécialisées.

La consultation des ressources s'effectue, via le site Web, à partir de différentes interfaces :

- SIGB Loris de la société EVER : ouvrages de gestion et de culture générale, manuels de cours, Sites Studies, articles de périodiques, rapports d'étudiants, thèses de doctorat, études de marchés, cahiers de recherche, rapports annuels, eBooks, dvd et cédéroms. Le thésaurus utilisé pour l'indexation est le Thésaurus Delphes de la CCIP.

- A to Z : recense les périodiques auxquels la bibliothèque est abonnée. Si cette interface, conçue par le groupe EBSCO, permet de rechercher les périodiques par titre ou par thème, elle ne permet pas l'interrogation simultanée de plusieurs revues. L'utilisateur doit choisir une revue, puis il peut effectuer une recherche en texte intégral à partir de l'interface de la base de données contenant cette revue.

- Bases de données : 73 bases de données en ligne et 4 installées « en dur » à la bibliothèque. Elles sont accessibles via le site de la bibliothèque par thématique, par ordre alphabétique et par liste complète permettant un accès direct à l'ensemble des bases. Les bases de données sont réparties dans les catégories suivantes : entreprises, marchés et pays, presse, ressources académiques, droit et sciences humaines et sociales. Une fois la base de données sélectionnée, la bibliothèque propose un bref descriptif avec les informations contenues dans la base et les modalités d'accès. Chaque base est interrogeable individuellement, ce qui rend fastidieuse la RI : à chaque base correspond une nouvelle interface.

- *Helpdesk* : bureau de renseignement virtuel : son utilité est double : créer une base de connaissances en recensant les questions posées par les utilisateurs et les réponses fournies par les documentalistes et une FAQ (*Frequently Asked Questions*) comprenant les questions les plus fréquemment posées. Cette FAQ est une extraction de la base de connaissances réalisée par les documentalistes.

Certains services présentés ci-dessous ne sont pas disponibles pour tous les groupes d'utilisateurs. Une rubrique du site de la bibliothèque liste les services par groupe d'utilisateurs.

- Services liés à la bibliothèque comme entité physique :
  - Horaires et règlement.
  - Coordonnées et présentation du service.
  - Formulaire de demande de rendez-vous d'aide à la recherche.
  - Propositions d'achat d'ouvrage via un formulaire.

- Services liés à la recherche documentaire :
  - Présentation du service de prêt entre bibliothèques.
  - *Helpdesk.*
  - Compte lecteur via l'OPAC : panier de sélection, réservation d'ouvrage...
  - Sélection de ressources par département.

- Services de diffusion sélective de l'information :

    - Demande d'abonnement au bulletin de sommaires.

    - Veille documentaire.

- Services de formation :

    - Guides de RI.

    - Démarches documentaires personnalisées.

    - Supports de formation.

Après avoir réalisé cet inventaire, le tableau page suivante synthétise les forces et les faiblesses du service en termes de moyens, d'activité et de gestion.

Tableau 1 : Analyse interne : synthèse des forces et des faiblesses

Activité	Forces	Faiblesses
Offre	Valorisation du fonds Mise à disposition de l'information Diffusion Offre à distance Assistance à la recherche	Difficultés d'accès aux ressources hors campus dues à l'installation d'un proxy. La bibliothèque est en train de mettre en place un nouveau proxy (EZ Proxy) ne nécessitant plus d'installation. Opérationnalité espérée pour fin octobre 2008
Front office : services aux utilisateurs	Bonne connaissance de l'utilisateur et de ses besoins et sens fort du service Réactivité et pertinence de l'aide à la recherche	Les bases de données ne sont pas fédérées : l'utilisateur doit s'adapter à de nombreuses interfaces
Back office : travail interne	Statistique précise pour l'accès et la consultation des ressources Volonté de se moderniser d'un point de vue technique Articulation cohérente avec le front office : transparence pour l'utilisateur	Une seule personne dispose des connaissances nécessaires à la mise à jour du site (utilisation du logiciel Dreamweaver)

Moyens	Forces	Faiblesses
Matériels	Suite office SIGB : logiciel Loris Bon équipement informatique	OPAC aux fonctionnalités limitées. Migration sur Flora (éditeur : EVER) prévue début 2009 Deux sites Web
Documentaires	Richesse et spécialisation du fonds Adapté aux besoins	Largeur et profondeur de l'offre
Humains	Equipes conséquentes 3 personnes dédiées aux technologies de l'information dont une en charge de la mise à jour du site Web Volonté d'évolution	Compétences informatiques inégales
Financiers	Budget de fonctionnement important et géré de manière autonome par la bibliothèque	Pas d'autonomie financière concernant le budget de développement qui dépend du Décanat

Gestion	Forces	Faiblesses
Organisation et politique	Service organisé en pôles, qui permet de préciser la fonction de chacun Objectifs de la bibliothèque bien définis	Peu de réunion de services qui pourrait améliorer la communication entre les pôles

3.2.3 Analyse du public

Le service bibliothèque d'HEC est organisé autour d'un public en situation d'apprentissage : « la finalité du service d'information reste l'individu, mais il se situe dans un cadre défini, qui précise des objectifs et des modalités d'acquisition particulière » (44).

3.2.3.1 Eléments quantitatifs

Figure 3 : Évolution des accès à la bibliothèque par type, en fonction des années scolaires

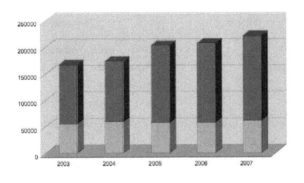

▢ Entrées à la bibliothèque
■ Connections au site Web de la bibliothèque

Source : (46).

Si les statistiques montrent que la fréquentation physique reste stable, les accès à distance progressent régulièrement. Entre 2003 et 2007, le nombre d'accès via le site Web a augmenté de 43% pour atteindre, en 2007, 72% des accès totaux.

Les ressources numériques sont l'une des principales sources d'informations pour les utilisateurs, ce qui influence la politique de la bibliothèque. Par exemple, le budget pour les achats de bases de données est passé de 28% du budget total en 2001 à 50% en 2007 (46).

Le public peut être décrit selon son activité de formation : statuts et niveaux.

Statuts

- Les étudiants : 3 500 (dont 400 EMBA).

- Les professeurs : 100 permanents et 500 vacataires.

- Le personnel administratif : 450.

- Les lecteurs extérieurs : 100 (anciens élèves principalement).

Niveau et formations suivies

- Grande école : Master : formation fondamentale en management de 2 à 4 ans, selon l'année d'entrée avec une année de césure obligatoire.

- Mastères Spécialisés HEC : 12 Mastères temps plein sur 15 mois destinés à de jeunes diplômés d'un bac +5.

- MBA (*Master of Business Administration*) : programme bilingue ou en langue anglaise, de 16 mois qui dispense une formation en management à des diplômés BAC +5 ayant déjà plusieurs années d'expérience.

- Le Doctorat HEC : reconnu par l'Etat en 1985, le Doctorat HEC a pour vocation de former des enseignants et des chercheurs dans les disciplines de gestion.

- EMBA : destiné à des cadres supérieurs ayant plus de 10 ans d'expérience professionnelle dans des fonctions de haut niveau (moyenne : 15 ans d'expérience) s'appuie sur l'échange d'expériences et l'entraînement par les dirigeants.

La bibliothèque segmente actuellement son public en cinq groupes : les professeurs, doctorants, les étudiants à temps plein, les étudiants à temps partiel, les professeurs vacataires et les lecteurs extérieurs. Ces groupes d'utilisateurs correspondent aux différents droits d'accès aux services.

3.2.3.2 Eléments qualitatifs

Selon l'ARL (*Association of Research Libraries*), 6 % des utilisateurs disent se rendre à la bibliothèque quotidiennement, 48 % de manière hebdomadaire, 23 % affirment utiliser la bibliothèque en ligne chaque jour et 45 hebdomadairement. Enfin, 86 % des participants utilisent des portails d'information type Google ou Yahoo quotidiennement (45). La bibliothèque n'est plus le seul moyen de se procurer de l'information pour les étudiants et les chercheurs : les moteurs de recherche de type Google, se caractérisant par une extrême simplicité d'usage, ont été intégrés dans les pratiques informationnelles. S'ils peuvent être considérés comme des concurrents des bibliothèques, ils modèlent surtout les usages et les attentes des usagers. La pratique des nouvelles technologies et la connaissance des possibilités de recherche sur le Web a rendu les usagers plus exigeants en termes d'accès à l'information.

LibQual+ est un questionnaire standardisé, mis au point et diffusé par l'Association of Research Libraries, qui permet aux bibliothèques universitaires de disposer de données homogènes et comparables entre elles et de mesurer les écarts des réponses aux différents items d'une année sur l'autre. HEC Paris participe à cette enquête depuis 2004. L'analyse des besoins repose sur les résultats de l'enquête LibQual+ réalisé à HEC en 2006 (45).

Ce questionnaire permet de mesurer la perception des usagers des bibliothèques en ce qui concerne la qualité des services dispensés. Les questions sont organisées autour de 3 thèmes : les bâtiments : LP « *Library as Place* », les ressources documentaires : IC «*Information Control* », le service : AS « *Affect of Service* ». Les usagers sont invités à se prononcer sur une échelle de 1 à 9 en évaluant le niveau perçu, observé, le minimum acceptable, toléré par l'utilisateur et le niveau désiré (47).

Pour l'analyse des besoins concernant la mise à disposition des ressources sur le portail, les questions du thème *information control* sont particulièrement adaptées. Dans cette rubrique, il n'y a pas d'aspect que les utilisateurs perçoivent comme inférieur au minimum. Nous avons extrait de la synthèse[7] les réponses pour lesquelles l'écart était le plus grand entre le désiré et le perçu afin de pointer les aspects à améliorer en priorité.

Le plus grand écart est observé pour les questions :

* IC-4 les ressources d'information dont j'ai besoin (1,25).

* IC-2 un site Web qui me permet de trouver ce que je recherche de façon autonome (1,06).

* IC-1 l'accès aux ressources à distance (1.04).

---

[7] Cf. annexe 1 : Résultats complets de l'enquête Libqual+ 2006 pour HEC

De plus, les questions du thème « affect of service » montrent un écart important entre le désiré et le ressenti pour les questions AS-9 la fiabilité dans la résolution des problèmes et AS-2 un service personnalisé à chaque usager.

Actuellement, les étudiants doivent effectuer leurs recherches documentaires sur l'ensemble des interfaces décrites dans l'analyse de l'existant[8] pour être exhaustifs. Les utilisateurs expriment à travers l'enquête LibQual+ leurs désirs d'être plus indépendants dans leurs recherches d'information.

Il est question d'avoir accès à distance à l'information utile via un site Web qui permette la recherche autonome. Les utilisateurs sont de plus en plus habitués à disposer instantanément de l'information en ligne. De plus, il faut noter que le public d'HEC est composé de 81 nationalités. Neuf langues sont enseignées et de plus en plus de formations sont bilingues, ce qui suppose au minimum un site bilingue anglais/français.

L'étude LibQual+ et les entretiens informels menés avec les documentalistes nous ont permis de segmenter le public en trois grands groupes en fonction du statut des utilisateurs. Pour les fonctions générales du portail, nous nous limiterons à ces trois segments qui devront être plus détaillés pour les profils des espaces adaptés. Le tableau ci-après nous permet d'appréhender les caractéristiques principales des trois segments.

---

[8] Cf. partie 3.2 : Analyse de l'existant

Tableau 2 : Segmentation du public de la bibliothèque

Caractéristiques	Segment 1 : étudiants en formation initiale	Segment 2 : étudiants en formation supérieure	Segment 3 : Professeurs et doctorants
Sociologiques	Jeunes adultes. Participent à une vie étudiante Public scolaire, en situation d'apprentissage	Adultes cadres, dont de nombreux expérimentés, en situation d'apprentissage	Adulte formateur Personnes qui orientent l'activité documentaire des segments 1 et 2
Informationnelles	Nombreuses recherches d'information pour les cours : vulgarisation, exemples concrets	Demandeurs d'actualité et de moyens d'auto formation Besoin important d'information déjà traitée : dossier d'expert, études de marché...	Recherches pour leurs cours, travaux ou publications Demandeurs d'actualités spécialisées et académiques Besoin d'exhaustivité et de rapidité
Comportementales	Critères : utilité et disponibilité du site Autonomie apparente mais fort besoin de contact et de formation	Critères : exhaustivité, fraîcheur et personnalisation de l'information Autonome mais très sensible aux contacts avec les documentalistes	Critère : gain de temps Niveau d'attente élevé Bonne connaissance de leurs matières mais peu d'autonomie vis à vis des outils documentaires

Le site Web est considéré comme une vitrine avantageuse pour l'Ecole; il permet de valoriser la qualité des enseignements et la production des professeurs et étudiants. De plus, la RI est centrale puisqu'elle est intégrée dans les programmes pédagogiques et que le public s'intéresse aux nouvelles technologies. Il a besoin d'accéder le plus facilement possible à l'intégralité des services proposés et d'obtenir les ressources à distance. Parmi les menaces, nous pouvons citer la mauvaise connaissance de l'offre de la bibliothèque et le haut niveau d'exigence des utilisateurs : accessibilité, rapidité, facilité ou « tout ! tout de suite ! ».

3.3 Objectifs du portail

Nous avons vu que la bibliothèque HEC dispose d'une offre riche et variée, adaptée à son public. La bibliothèque a constaté l'évolution des usages et notamment l'augmentation des accès à distance. Plusieurs projets ont été réalisés pour faciliter et dynamiser l'accès aux ressources en ligne. Par exemple, la mise en place, l'année dernière, d'une interface de centralisation des périodiques électroniques, le développement de deux blogs consacrés aux nouveautés en culture générale et en gestion afin de rendre plus dynamique la communication avec les utilisateurs et l'acquisition d'un nouveau proxy ne nécessitant pas de paramétrage du côté utilisateur.

Cependant, l'enquête LibQual+ et les retours directs des utilisateurs aux documentalistes pointent les difficultés ressenties pour localiser et accéder à l'information utile. Face à ce constat, le projet portail s'inscrit dans une volonté de promouvoir l'accès aux ressources en ligne et d'assister les utilisateurs dans leurs recherches d'information en mettant en place une solution permettant d'unifier, de centraliser, d'organiser et de personnaliser l'accès à l'information.

3.4 Fonctions attendues

L'objectif de cette partie est de recenser et d'organiser l'ensemble des fonctions attendues du portail. Pour cela, l'analyse comparative nous permettra d'observer les bonnes et les moins bonnes initiatives de nos concurrents et de présenter les grandes fonctions attendues.

3.4.1 Analyse comparative fonctionnelle

L'analyse comparative ou benchmarking est une « *démarche comparative d'opérations et de stratégies à l'intérieur d'un groupe de pairs exerçant la même profession* » (42, p.28). Il s'agit d'identifier les meilleures pratiques et d'assurer une qualité de travail la meilleure possible, à partir d'une comparaison avec d'autres structures. La démarche benchmarking doit « *permettre à l'organisme de se fixer des objectifs efficaces et crédibles, de comprendre la concurrence et les raisons de ses performances, d'identifier ses points forts et ses faiblesses afin d'améliorer le système* » (42, p.32).

Dans le cas de la bibliothèque d'HEC, il s'agit avant tout d'adopter une démarche de benchmarking fonctionnel, c'est-à-dire comparer des fonctions similaires dans des entreprises non concurrentes, à l'intérieur d'un même secteur d'activité.

Un échantillon de 10 sites Web de centres de documentation d'écoles de commerces dont 3 françaises et 7 étrangères (anglaises, américaines et suisses) a été analysé du 22 au 28 juillet 2008. L'évaluation a été réalisée grâce à une grille d'analyse[9] comprenant 30 points d'observation répartis en six catégories. A partir du total effectué pour l'ensemble des sites Web, nous avons pu observer les fonctions répandues, ou au contraire celles plus anecdotiques.

Tableau 3 : Grille récapitulative de l'analyse comparative fonctionnelle

Points d'observation	Total	HEC
Accès au site		
Accès à partir de la page d'accueil de l'établissement	9	Oui
Site vitrine		Oui
(consultation limitée mais possible des ressources sans authentification) ?	8	
Accueil		
Présentations de la bibliothèque	10	Oui
Page accueil : partie actualité	9	Oui
Mise en avant des publications professeurs	4	Non
Navigation par thème	4	Oui
Navigation par profil	2	Non
Ressources disponibles en ligne		
Catalogue	10	Oui
Périodiques	10	Oui
Base de données	10	Oui
Services		
Prêt entre bibliothèque	9	Oui
Suggestion d'acquisition	8	Oui
Informations service aide à la recherche	9	Oui
Aide à la recherche (formulaire en ligne)	7	Oui
FAQ	6	Oui
Guide de recherche	8	Oui
Parcours de recherche	3	Non

---

[9] Cf. Annexe 2 : Analyse comparative

Points d'observation	Total	HEC
Technologie Web 2.0		
Blog	4	Oui
Podcast	2	Non
Flux RSS	8	Oui
Personnalisation		
Espace de travail personnalisable	5	Non
Historique	4	Non
Sélection de sources	3	Non
Fonctionnalités		
Plan du site	4	Non
Moteur de recherche du site	6	Oui
Moteur de recherche fédérée	4	Non

Tout d'abord l'ensemble des bibliothèques propose l'accès à leurs ressources en ligne. L'actualité de la bibliothèque et les publications des professeurs ne sont pas fréquemment mises en avant. Les fonctions souvent proposées sont : des formulaires de PEB (Prêt Entre Bibliothèques), de suggestion d'acquisitions et d'aide à la recherche. Si la grande majorité présente des guides de recherche, seules trois proposent des parcours de recherche et deux seulement un accès par profil. De même, les possibilités de personnalisation sont moyennes : cinq offrent un espace de travail personnalisable, quatre un historique et seulement trois une mémorisation des sources sélectionnées. Les technologies Web 2.0 ne sont pas très exploitées : à part les flux RSS proposés par huit bibliothèques, les blogs et podcasts sont très peu développés. Enfin, seules quatre d'entre elles proposent un plan de site.

Quatre sites proposent un moteur de recherche fédérée. Sur l'un d'entre eux, la sélection de sources (livres, revues ou bases de données) est un pré requis. Un des sites analysés passe, comme le portail SUDOC, par une page de présentation des résultats ventilés par sources. Une fois les résultats affichés, l'ensemble des portails analysés proposent différentes modalités de tri, mais aussi des options pour affiner ou élargir le champ de la recherche. L'affichage des résultats de recherche sur le catalogue proposé par l'ESC Lille est original. L'écran est découpé en trois colonnes : à gauche une clusterisation; au centre, la liste de résultats; à droite, les possibilités d'affinage. La clusterisation est une « technique statistique qui permet d'extraire automatiquement des termes dans les pages de résultats trouvés par un moteur ou métamoteur, afin d'affiner ou de réorienter une recherche. Les clusters ainsi formés servent à mettre en évidence des thématiques présentes dans les documents trouvés par les outils de recherche » (1).

Le moteur de recherche fédérée n'est proposé que par 4 sites : il ne s'agit donc pas d'un outil généralisé. Cet outil est coûteux et n'est pas toujours justifié. Cependant, lorsque le centre de documentation est caractérisé par de nombreuses ressources et des utilisateurs variés, comme c'est le cas pour Harvard et HEC, il s'avère utile.

La grille d'analyse a permis d'identifier les « bonnes pratiques » à intégrer dans notre définition des fonctions attendues et de prendre connaissance d'initiatives intéressantes proposées par nos concurrents. Les guides « *How to find[10]* » de l' IMD (*Institute for Management Development*) sont des guides complets qui accompagnent pas à pas l'utilisateur en fonction de la nature de l'information recherchée, par exemple les articles de presse ou l'information entreprise. Le Concept Space[11] de LBS (*London Business School*) offre une représentation visuelle des concepts du commerce qui permet d'explorer les liens entre les sujets et proposent des ressources en fonction de leurs sélections de concepts.

Figure 4 : Représentation proposée par le Concept Space pour « sciences de l'information »

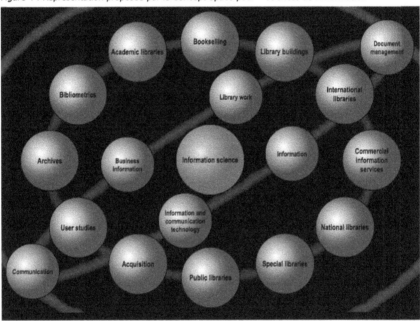

Cette analyse concurrentielle nous a permis de hiérarchiser et de caractériser les fonctions proposées sur les portails.

---

10 How to find. [en ligne]. Lausanne, IMD, 2008 [consulté le 4 septembre 2008].
<http://www.imd.ch/research/information/tofind/index.cfm>

[11] Concept Space: the visual search tool for business concepts [en ligne]. Londres, LBS, 2008
<http://conceptspace.london.edu/>

3.4.2 Présentation des fonctions attendues

Les fonctions sont les actions d'un produit ou de l'un de ses constituants exprimés exclusivement en termes de finalité. Les fonctions de service sont des fonctions attendues du portail pour répondre à un besoin. Les fonctions de service comprennent : les fonctions d'usage, qui traduisent la partie rationnelle du besoin et les fonctions d'estime, qui traduisent la partie subjective du besoin. Il s'agit des fonctions relatives à l'esthétique, à la qualité et à la valeur d'échange. Les fonctions de contrainte ont pour but de définir les contraintes imposées au produit par son milieu extérieur d'utilisation.

Le tableau ci-après présente à partir des fonctions de service attendues les fonctions principales que devra fournir le portail. Dans la troisième colonne, les fonctions techniques correspondantes sont citées. Les cases grisées signalent les fonctions déjà présentes sur le site actuel.

Tableau 4 : Fonctions de service, fonctions d'usage et fonctions techniques

Fonctions de service	Fonctions d'usage	Fonctions techniques
Accéder à l'information : chercher et trouver	**Favoriser l'accès à l'information**	
1. Se connecter au portail	Identifier les utilisateurs	Annuaire LDAP
1.1. S'identifier une seule fois	Centraliser l'authentification	SSO
1.2. Consulter les ressources à distance	Permettre l'accès à distance	Proxy (ezproxy)
2. Naviguer	Permettre la navigation	
2.1. Rechercher en fonction d'une thématique	Offrir une navigation par thème	Liste thématique
2.2. Rechercher en fonction d'un type de document	Offrir une navigation par type	Liste par type de document
2.3. Avoir une sélection des sources phares	Proposer un accès aux sources les plus utilisées	Top 5 des bases de données, des revues...
2.4. Avoir un accès adapté à ses besoins	Proposer un accès par profil	Adaptativité
Interroger	**Faciliter l'interrogation**	
2.5. Rechercher en entrant des mots clés dans un champ de recherche unique	Rechercher dans l'ensemble des ressources	Recherche fédérée
2.6. Rechercher un document précis, ou un type de source uniquement, ou un document provenant d'une seule source	Permettre la recherche avancée	Recherche avancée : interrogation par champ, par source et par bouquet de sources
2.7. Rechercher dans le contenu du site Web de la bibliothèque	Rechercher sur le portail	Recherche interne
2.8. Manipuler la liste de résultats et exploiter les résultats	Afficher les résultats	Dédoublonnage Options de limitation et de tri Possibilités d'envoi, ou d'export des références

Fonctions de service attendues	Fonctions	Fonctions techniques
2.9. Localiser et accéder au document	Assurer l'accès au document	Résolveur de liens, formulaire de réservation et PEB
3. Retrouver à chaque session ses préférences	Permettre la personnalisation du site	Personnalisation
S'informer	**Informer**	
4. Connaître les ressources et services de la bibliothèque	Présenter les services et les ressources de la bibliothèque	Page de présentation de la bibliothèque : missions, objectifs, contacts...
5. Etre informé de l'actualité de la bibliothèque	Présenter l'actualité de la bibliothèque	Rubrique actualité
6. Connaître les nouveautés	Informer des nouvelles acquisitions	Blogs
7. Avoir une sélection des ressources sur un domaine	Diffuser des produits d'information : bibliographies	Rubrique bibliographie
8. Recevoir régulièrement l'information demandée	Assurer la diffusion sélective de l'information	Revues de sommaires, veilles informationnelles thématiques sur abonnement
Etre aider et apprendre	**Aider et former**	
9. Obtenir de l'aide	Renseigner en ligne	Bureau de renseignement virtuel : *Helpdesk* incluant la FAQ
10. Apprendre à se servir des outils documentaires	Former à l'utilisation des ressources	Guides pratiques
11. Apprendre la démarche documentaire	Former à la méthodologie documentaire	Guides méthodologiques
12. Comparer les travaux à corriger et ceux déjà publiés	Fournir des outils pour limiter le plagiat	Urkunt
13. Etre aidé pour rédiger une bibliographie	Fournir des outils de gestion bibliographique	Refworks et bientôt Endnote

Fonctions de contrainte

Les deux premières fonctions de contrainte concernent l'intégration dans le système d'information existant : le produit est compatible avec les standards HEC en termes de système d'exploitation, mais aussi pour les interconnexions entre applications et notamment le partage d'authentification (annuaire LDAP et SSO). De plus, le système permet l'intégration de l'ensemble des services et ressources proposés par la bibliothèque, ce qui demandera l'application de normes d'interopérabilité.

Le portail est facile à utiliser. Les critères ergonomiques (38) permettent de créer une interface simple et intuitive qui ne nécessite ni compétence technique ni apprentissage particulier.

Enfin, les lois concernant le droit d'auteur ainsi que la protection des données nominatives sont respectées et notamment l'article L 122-4 du Code de la propriété intellectuelle. La mise en ligne de documents est conditionnée par l'obtention d'autorisation. Il est donc préférable de renvoyer l'internaute directement sur la page du site externe où il pourra effectuer lui-même le téléchargement du document.

Fonctions d'estime

Le portail doit plaire aux usagers. Pour cela, il tient ses promesses (38), c'est à dire il permet un accès facile à l'ensemble des ressources et des services. Pour l'utilisateur, il s'agit d'être autonome, d'avoir le contrôle sur le système d'information qu'il utilise.

Cette rapide présentation permet d'avoir une vision globale des fonctions attendues du portail. Nous allons maintenant détailler certaines de ces fonctionnalités.

3.4.3 Fonctions d'authentification

Pour l'ensemble des ressources, une réflexion doit être menée sur la politique de contrôle d'accès. Le site de la bibliothèque est un site vitrine : il permet de valoriser ses ressources, dont la qualité et la diversité contribuent à la renommée de l'Ecole : les ressources acquises mais aussi celles produites comme les travaux des étudiants, doctorants et professeurs. Un accès sans identification doit permettre une consultation limitée des ressources.

Les ressources électroniques de la bibliothèque constituent une de ses principales richesses. Elles contribuent au recrutement de nouveaux professeurs et participent à sa notoriété dans le secteur des bibliothèques universitaires et des grandes écoles. C'est pourquoi la bibliothèque d'HEC se doit de les rendre visibles à tous sans pour autant autoriser leurs consultations. L'unification des procédures d'authentification des utilisateurs, grâce à l'annuaire LDAP d'HEC et le logiciel SSO, permet à l'utilisateur de s'identifier une seule fois sur l'ensemble de l'ENT. Le proxy permet d'assurer la continuité, après authentification, des droits d'accès sur les bases de données et l'intégralité du catalogue à l'extérieur du campus. La création de groupes d'utilisateurs permet de rendre visibles uniquement les services et ressources qu'ils peuvent utiliser en fonction de leurs statuts. Par exemple, le PEB, souvent réservé au troisième cycle et aux professeurs, ne sera pas proposé aux groupes d'utilisateurs de second cycle.

Ces différents procédés rendent plus transparente la navigation de l'utilisateur : il n'a pas conscience des protocoles d'authentification et de connexion nécessaires à la réalisation de sa tâche.

3.4.4 Fonctions de navigation

Les ressources sont catégorisées pour orienter l'utilisateur. Dès la page d'accueil, plusieurs accès sont proposés : par thème d'enseignement et par type de ressources : livres, revues, articles, thèses, bases de données, documents de la recherche, documents de la pédagogie, productions des étudiants...

De plus, la navigation doit être simple grâce notamment au développement d'outils de navigation comme le plan, l'index et le fil d'Ariane, à l'application de règles de nommage homogènes et cohérentes et à l'explicitation de la nature des liens (visite d'un autre site, téléchargements...). Le visiteur du site doit à tout moment savoir où il se trouve, où il peut aller et ce qu'il peut faire (38). La distinction entre les sources en accès immédiat (c'est-à-dire accessibles en texte intégral) ou en accès différé (c'est-à-dire références dans une base de données et disponibles à la bibliothèque ou via PEB) doit être évidente.

3.4.5 Fonctions de recherche

L'interface de recherche fédérée interroge par défaut l'ensemble des ressources disponibles :

- Le catalogue.
- Les bases de données externes qui proposent un contenu textuel (bases de revues académiques, de presse et d'études de marchés. Les bases juridiques et de données financières et boursières sont exclues de la recherche fédérée).

Deux possibilités de recherches coexistent. La recherche simple porte sur l'ensemble des champs interrogeables et dans l'ensemble des ressources. La recherche avancée s'opère sur une sélection de champs et de types de ressources, avec la possibilité de les combiner entre eux.

L'opérateur booléen par défaut est ET et les autres opérateurs booléens (OU, SAUF, troncature) sont utilisables dans l'ensemble des types de recherche.

Pour la recherche avancée, l'utilisateur pourra spécifier:

- La base à interroger : soit l'ensemble des ressources, un ou plusieurs bouquets de sources ou une sélection de bases réalisée par l'utilisateur.

- La langue du document : soit toutes les langues, soit sélection d'une ou plusieurs langues.

- La date du document : l'utilisateur choisit, s'il le souhaite, une date de début et une date de fin de période de recherche.

- L'auteur.

- Le type de document.

Une réflexion sur l'intégration de chaque ressource devra être menée lors de la configuration du moteur de recherche et la création des bouquets. Il faudra définir les champs interrogeables parmi ceux disponibles pour chaque ressource, réfléchir aux modalités d'indexation de ces champs et surtout au langage documentaire utilisé pour l'indexation de chacune des ressources.

En plus du moteur de recherche fédérée, l'utilisateur devra disposer d'au moins deux autres types de recherche : une au sein des rubriques et sous rubriques du portail et une mono source : l'utilisateur doit pouvoir retrouver les interfaces des bases de données, comme cela est proposé sur le site actuel.

3.4.6 Fonctions d'affichage

La liste d'affichage des résultats est dédoublonnée : si un même document est disponible dans deux sources différentes, il n'apparaîtra qu'une seule fois. Chaque occurrence du mot clé recherché est surlignée. L'affichage des résultats en liste comporte le titre, l'auteur, la date et les modalités d'accès. Un symbole renseigne l'utilisateur sur la disponibilité de la ressource : en ligne ou à la bibliothèque. Pour l'ensemble des réponses trouvées, l'utilisateur peut :

- Sélectionner l'article en le mettant dans un panier de sélection.

- Envoyer les références du document par email.

- Enregistrer le document en texte intégral s'il est disponible.

- Exporter les références sélectionnées par email ou dans différents formats : xls, cvs, rtf, pdf...

La consultation de la notice permet d'accéder à l'ensemble des informations sur la ressource et au lien vers le texte intégral, s'il est disponible, ou à la localisation physique, le cas échéant.

Une visualisation synthétique des bases interrogées avec le nombre de résultats pour chacune permet de n'afficher que les résultats d'une base sélectionnée. À l'inverse, l'utilisateur peut étendre sa recherche aux bases non interrogées. Ces restrictions peuvent porter sur le sujet, l'auteur, le type de document, l'année de publication et la localisation. Différentes modalités de tri sont proposées : alphabétique du titre, alphabétique auteur, chronologique, thématique, source...

L'utilisateur peut paramétrer sa recherche pour que les résultats lui soient envoyés ponctuellement par email, ou bien, par flux RSS.

3.4.7 Fonctions d'adaptabilité par utilisateur

L'utilisateur dispose, après authentification, d'un espace personnel qu'il peut entièrement paramétrer.

Les éléments personnels que l'utilisateur retrouve d'une session à une autre sont :

- Ma bibliothèque : panier de sélection, réservation d'ouvrage, renouvellement de prêt, règles de prêt par profil.
- Services : PEB, formation, alertes revues académiques, bibliographie par profil.
- Recherches : Veille, requête enregistrée, historique, sélection de documents et de sources.
- Préférences : taille du texte, couleur de fond, langue.

Les fonctionnalités générales du portail étant définies, nous allons maintenant sélectionner une population test pour la réalisation d'un espace adapté.

3.4.8 Fonctions d'adaptativité par profil

La création d'espace par profil commence par une compréhension des besoins des utilisateurs. L'Executive Education représente une partie bien identifiée du public d'HEC. Elle dispose d'ailleurs de son propre service d'information situé à Paris : la médiathèque. L'Executive MBA HEC a pour objectif d'entraîner des hommes et des femmes en milieu de carrière au métier de la direction. Le programme s'appuie sur des études de cas, des exposés, des analyses méthodologiques conduites par des experts, qui fournissent une grille d'analyse des meilleures pratiques du management. Le travail en groupes et les échanges d'expériences entre participants sont privilégiés. La médiathèque dispose d'un accès au catalogue de la bibliothèque et aux différentes bases de données. Elle est aussi et surtout un service de conseil et d'aide à la recherche : aide à la formulation de la demande, constitution de dossier sur mesure. La médiathèque est conçue comme un service support dédié aux participants, au nombre de 400 en 2007.

3.4.8.1 Étude approfondie des pratiques et besoins d'information

Pour analyser plus précisément les besoins en termes de contenu, des entretiens semi directifs[12] ont été menés avec quatre participants actuels ou anciens de l'EMBA. Cette méthode a été choisie car elle permet d'obtenir des réponses précises sur certains points et aussi de laisser une occasion aux personnes interrogées d'émettre des suggestions plus librement. L'analyse des comptes-rendus d'entretiens nous a permis d'établir une grille d'évaluation. Nous avons ainsi pu dégager les affirmations souvent répétées de celles plus minoritaires.

Contexte

Les participants suivent un cursus spécialisé en management. Cadres de formation et de parcours divers, ils occupent des fonctions de haut niveau. Ils recherchent de l'information régulièrement tout au long de la période d'apprentissage pour les études de cas et particulièrement pendant les deux temps forts du programme : l'audit stratégique, au début de la formation et le mémoire qui conclut l'année. Les projets sont tous réalisés en groupe, mis à part le mémoire individuel. Les participants s'accordent à dire que les recherches se font avec des objectifs et des délais précis et selon deux d'entre eux, ils doivent aller à l'essentiel.

Nature de l'information recherchée

Deux des participants ont mentionné le concept d' « *information élaborée* » : les participants recherchent des dossiers, des analyses, c'est-à-dire de l'information déjà traitée à forte valeur ajoutée. Ils recherchent principalement des informations sur les entreprises, les marchés et les produits. Concernant les critères de sélection, tous ont parlé d'information ciblée et à jour. Deux des participants ont évoqué l'importance de l'exhaustivité : ils souhaitent obtenir tout ce qui est disponible sur la question. Pour l'ensemble des participants, il est indispensable d'avoir accès à des documents numériques car ils sont plus facilement transportables.

Habitudes de recherche

Ces dirigeants ont l'habitude de déléguer la recherche et ne sont pas très autonomes par rapports aux outils documentaires. Les quatre s'accordent à dire qu'ils sont de gros « consommateurs » de services d'aide à la recherche. Ils ont tous été amenés à faire une demande à une documentaliste et ont été très satisfaits des conseils donnés.

---

[12] Cf. annexe 3 : Grille d'entretien

Utilisation des ressources

Trois des participants affirment ne pas se repérer facilement car le site de la bibliothèque est bien structuré mais très (ou trop ?) fourni. Par contre, un des participants trouve le site facile à utiliser.

Concernant les produits d'information réalisés par la médiathèque dont le principal est l'*Actualité du Dirigeant*[13], un participant affirme ne pas avoir eu le temps d'en profiter, les trois autres pensent qu'un accès en ligne à l'ensemble des numéros serait pertinent pour pouvoir faire des recherches sur le sommaire ou en plein texte et avoir accès directement aux numéros de revues.

Suggestions pour le futur site

Tous s'accordent à dire que le futur site doit être facile et simple d'utilisation. Un participant a parlé d'anticiper les besoins pour permettre aux futurs utilisateurs de trouver facilement l'information utile. Un participant a mentionné l'importance du choix qualitatif et quantitatif : l'intérêt est de sélectionner peu de sources, mais des sources d'informations fiables, complètes et à jour.

Synthèse

Les participants ont besoin, dans des délais précis et relativement courts, d'information ciblée, à jour, exhaustive et de préférence numérique. L'information recherchée concerne les matières abordées en cours ainsi que les thèmes des deux travaux principaux qu'ils doivent réaliser. Ils privilégient l'information analysée et les ressources les plus utilisées sont les informations entreprises, marchés et produits. Leurs critères de satisfaction sont la disponibilité des documentalistes, la facilité et la simplicité d'utilisation du site Internet.

L'intégration de la RI dans le programme pédagogique, notamment pour l'audit stratégique et le mémoire, constitue une opportunité pour le projet car les participants sont obligatoirement amenés à faire des recherches. De plus, ce public montre de l'intérêt pour les TIC (Technologies de l'Information et de la Communication) et dispose souvent d'un bon équipement informatique personnel. Par contre, la mauvaise connaissance des ressources et services de la bibliothèque, le manque de temps, ainsi que le fort besoin d'assistance personnalisée, requérant la présence d'une documentaliste, constituent des menaces qui pourraient compromettre l'intégration du portail et de l'espace profilé dans leurs pratiques.

3.4.8.2 Méthodologie de projet pour le service Web EMBA

Le service Web EMBA, en plus des fonctions communes au portail de la bibliothèque et en fonction des objectifs définis, doit remplir des fonctions spécifiques aux besoins des EMBA. Tout d'abord, le contenu du site doit être le plus proche possible du programme des participants . L'organisation des ressources

---

[13] Revue de presse bibliographique sur le management.

est adaptée aux besoins des utilisateurs, c'est à dire, dans notre cas, à leur activité de formation. Pour profiler l'espace de recherche en fonction des exigences propres à notre public, une sélection de ressources doit être intégrée dans une arborescence adaptée.

3.4.8.2.1 *Sélection de ressources*

Afin d'aiguiller les utilisateurs dans leurs recherches, il est nécessaire d'anticiper leurs besoins. A partir de l'étude approfondie des besoins, puis du programme de formation, nous avons déterminé les contenus à mettre en ligne.

Tableau 5 : Définition des contenus en fonction des besoins

Besoins	Réponses apportées par le site
Recherche d'information tout au long du programme (18 mois)	Actualité du dirigeant, dossier pays, sélection de ressources par cours
Temps fort du programme - réalisation de l'audit stratégique (informations très pointues, tous types de secteur, France, Europe et monde) - réalisation du mémoire individuel (informations académiques)	Sélection de bases de données
Demandes ponctuelles d'informations pointues et concrètes	Présentation et accès au service d'aide à la recherche
Informations sur les cours et intervenants	Présentation des intervenants : publications et site Web

3.4.8.2.2 *Définition d'une arborescence*

L'arborescence est le contenant, le squelette du site Internet. Il est nécessaire de la modéliser pour vérifier la cohérence globale et pour s'assurer de la pertinence et de l'homogénéité des intitulés de rubriques. La rubrique *Actualité* concerne exclusivement la formation et la médiathèque. Les *tracks* sont les différents modules constituant l'année scolaire. Les événements correspondent aux voyages d'étude réalisés dans le cadre de la formation : un Executive campus en Europe et un Seminar Study en Chine, au Japon ou en Inde pour observer les méthodes de travail à l'étranger. Nous restons ainsi au plus près du programme et de sa terminologie.

Figure 5 : Arborescence pour le service Web EMBA

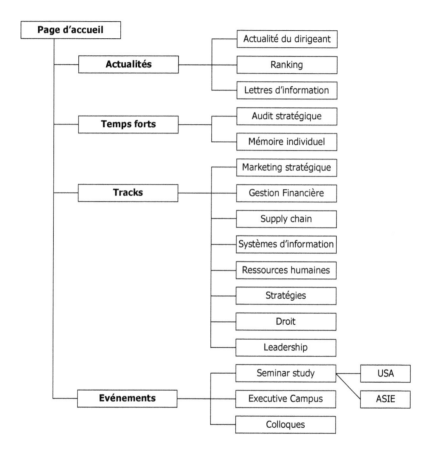

Cette étape demande trois attentions particulières :

•   Décrire, qualifier et regrouper les ressources (grâce à la catégorisation des sources en termes de modules de cours, de types de documents...).

•   Répartir les ressources recensées dans les différentes rubriques concernées.

•   Limiter ou justifier les doublons.

Pour chaque ressource, une grille descriptive composée de 9 champs permet de vérifier que l'ensemble des ressources intégrées corresponde aux besoins d'informations définis. Cette grille se compose d'éléments descriptifs comme le nom de la ressource, l'auteur ou la source, un bref résumé et, si elle disponible en ligne, son URL. La ressource est ensuite catégorisée dans une ou plusieurs rubriques et son niveau de priorité est indiqué : fondamentale ou complémentaire. Ces grilles permettent, lors de l'intégration, de n'oublier aucun élément et surtout de centraliser l'ensemble des informations dans un seul fichier.

A l'intérieur de chaque rubrique et notamment pour les *tracks* qui ont toutes le même type de contenu, nous avons segmenté les rubriques en fonction de la nature de l'information : livres, articles, bases de données et sites Web.

Notre démarche s'appuie sur une analyse des utilisateurs, de leurs activités et de leurs attentes. L'évaluation des fonctions mises en place est basée sur leurs usages et leurs ressentis.

3.4.9 Critères d'appréciation

Critères quantitatifs

Tout d'abord, les statistiques concernant la fréquentation du site Web sont utiles. Ces indicateurs, générés automatiquement par le portail, permettront de mieux quantifier les usages des fonctions proposées et de déterminer les plus utilisées.

•   Nombre de connexions

•   Nombre de consultations de chacune des pages

•   Durée de sessions

•   Parcours réalisés

•   Nombre de requêtes adressées aux différents moteurs de recherche

- Nombre de questions posées au *Helpdesk*

- Délais de réponses du *Helpdesk*

- Nombre de téléchargements de documents

- Taux d'utilisation de l'espace personnalisé

- Délais de fourniture des documents

On pourra ainsi, par exemple, comparer le nombre d'utilisations du moteur de recherche par rapport au nombre de recherches dans l'arborescence.

Critères qualitatifs

Les critères d'appréciation qualitatifs sont plus difficiles à mettre en place. Nous utiliserons tout d'abord les résultats des prochaines enquêtes LibQual+ et les comparerons à ceux des enquêtes précédentes pour évaluer l'impact sur la qualité du service perçue par les utilisateurs . Nous effectuerons, lors des tests utilisateurs, des entretiens permettant d'évaluer plus concrètement leurs appréciations en leur demandant par exemple d'expliquer le déroulement d'une de leurs recherches sur le portail. Des mini enquêtes (une ou deux questions) seront aussi proposés périodiquement sur le portail. Parmi les critères à prendre en compte, nous pouvons citer :

Concernant l'accès :

- Facilité de connexion

- Transparence de la navigation (concernant les droits d'accès notamment)

- Accessibilité à distance

Concernant la simplicité d'utilisation :

- Lisibilité

- Facilité

- Convivialité

- Paramétrage

- Esthétique

- Qualité graphique

Concernant la performance :

- Efficacité

- Accélération de la recherche

- Pertinences du moteur de recherche et des différents modes de navigation

- Accélération de l'exploitation des résultats d'une recherche

- Régularité

- Réactivité

- Fiabilité

- Qualité de l'information

- Pertinence des contenus

- Exhaustivité

Concernant l'autonomie permise par les fonctions :

- Personnalisation

- Adaptativité

- Accompagnement

- Qualité pédagogique

Ces critères d'appréciation quantitatifs et qualitatifs doivent être observés régulièrement afin que les fonctions proposées évoluent avec les besoins des usagers. Cela est particulièrement important pour l'évaluation de la pertinence des contenus proposés par profil qui devra être réalisée au minimum une fois par an, lors de la mise à jour des programmes de formation.

Conclusion

Dans ce mémoire, nous avons tenté de comprendre comment les fonctions des portails facilitent l'accès à l'information pour l'utilisateur lors de ses RI sur le Web. Pour comprendre les enjeux de l'accès à l'information, nous avons modélisé et caractérisé l'activité de RI et pointé les limites de la recherche tant au niveau humain que de l'espace de recherche. Du côté des bibliothèques et des centres de documentation, la mise à disposition de l'information à distance est une problématique cruciale depuis l'apparition du Web. Les portails désignent des projets et des systèmes d'information très variés. Plutôt que de définir précisément les caractéristiques des portails, nous avons proposé une définition en fonction des objectifs communs à ces applications logicielles : unifier, organiser et personnaliser l'accès à l'information.

Nous avons ainsi compris les possibilités offertes par les portails pour faciliter l'accès à l'information. Ce cadre nous a permis de mener à bien la mission confiée par la bibliothèque HEC : définir les fonctions attendues du portail et réaliser un espace personnalisé. Pour définir les fonctions attendues du portail, nous avons mené une réflexion sur le positionnement du projet et de ses objectifs et analysé l'offre de la bibliothèque HEC et les besoins de son public. Nous avons ensuite, grâce à une analyse concurrentielle, regroupé et caractérisé plus précisément ces fonctions. Pour offrir un espace personnalisé, nous avons effectué une analyse plus approfondie du public et de ses besoins grâce à des entretiens semi-directifs. Nous avons ensuite proposé une arborescence spécifique et développé une méthode de sélection et d'intégration des ressources.

La fédération des ressources et la personnalisation permettent aux bibliothèques de créer un lieu virtuel sur mesure pour rendre l'utilisateur plus autonome en l'aiguillant dans ses recherches. Pour être utile, le portail doit répondre à un besoin des utilisateurs dans un contexte de sources nombreuses et hétérogènes. Les professionnels de l'information et de la documentation ont un rôle essentiel à jouer, tant en mode projet, lors de la conception du portail, qu'en mode produit, une fois le produit mis en place. Ils sont à la fois médiateurs, qui connaissent leurs offres et leurs publics, conseillers en ce qui concerne la facilité d'accès et l'organisation des contenus et enfin, communicants pour favoriser l'appropriation du système par les utilisateurs. Une fois le portail mis en place, ils doivent faire évoluer les fonctions et les contenus proposés en même temps que les besoins du public. De plus, l'intégration au sein des portails d'applications à forte valeur ajoutée comme les outils de veille automatique ou de text mining offre de nouvelles perspectives.

Glossaire

Adaptabilité	personnalisation réalisée grâce à l'interaction système – utilisateur.
Adaptativité	personnalisation permise grâce à une intervention des concepteurs.
Architecture	(de l'information) structure d'organisation des informations dans une application et moyens de navigation pour lier ces informations.
Authentification	action de vérification de l'identité fournie par l'utilisateur par le site Web via un protocole d'annuaire.
Besoin d'information	besoin de réduction d'incertitude suite à la prise de conscience d'un manque.
CMS	(Content Management Systems) famille de logiciels destinés à la conception et à la mise à jour dynamique de site Web ou d'application multimédia. Ces systèmes gèrent des documents numériques.
Fonctionnalité	action interne et spécifique à un logiciel qui permet d'accomplir une ou plusieurs fonctions.
Fonctions de contrainte	ces fonctions ont pour but de définir les contraintes imposées au produit par son milieu extérieur d'utilisation.
Fonctions de service	fonctions attendues du portail pour répondre à un besoin. Les fonctions de service comprennent : les fonctions d'usage, qui traduisent la partie rationnelle du besoin et les fonctions d'estime, qui traduisent la partie subjective du besoin.
Fonction	ce qui est rendu possible par le système pour l'utilisateur : fonction d'impression, de recherche, de navigation.
GED	(Gestion Electronique de Document) système informatisé d'acquisition, de classement, de stockage et d'archivage des documents papiers ou numériques.
Identification	action réalisée par l'utilisateur lorsqu'il fournit son identité au portail en saisissant son identifiant et son code d'accès.
Internaute	individu qui utilise Internet.
OPAC	(Online Public Access Catalog) désigne la partie du catalogue de la bibliothèque, visible en ligne et accessible au public.
PEB	(Prêt Entre Bibliothèques) service qui permet aux bibliothèques d'un réseau de se fournir des documents.
Personnalisation	information sur mesure adaptée aux besoins d'un individu.
Pertinence	(de l'information) proximité entre le besoin initial et l'information trouvée en ce qui concerne le contenu, contenu, l'exploitation envisagée et l'environnement d'utilisation de l'information.
Proxy	logiciel d'accès et d'authentification à de nombreux fournisseurs de contenu.
RI	(Recherche d'Information) ensemble des activités, des processus, des représentations qu'élabore et utilise un individu pour trouver des informations utiles et pertinentes par rapport à une tâche qu'il se donne.
Résolveur de liens	outils qui analyse les données bibliographiques et propose de manière contextuelle des liens vers les ressources.
Ressources	contenus d'information en ligne dont des documents de toutes natures.

SSO	(Single Sign-On) procédé qui propage l'information d'authentification aux différents services du réseau.
Usager	individu qui utilise un service.
Utilisabilité	degré selon lequel un produit peut être utilisé, par des utilisateurs identifiés, pour atteindre des buts définis avec efficacité, efficience et satisfaction, dans un contexte d'utilisation spécifié.
Utilisateur	individu qui utilise l'outil informatique.
Utilité	(d'un système d'information) adéquation entre la finalité de l'objet et le but de l'utilisateur, pour un domaine, une exploitation et un environnement donné.

Bibliographie

Cette bibliographie a été arrêtée à la date du 10 septembre 2008. Les références sont numérotées et classées de manière thématique puis par ordre alphabétique d'auteur.

La rédaction des références bibliographiques est conforme aux normes :

• Z44-005. décembre 1987. Documentation. Références bibliographiques : contenu, forme et structure et à la norme

• NF ISO 690-2 Février 1998 Information et documentation. Références bibliographiques Documents électroniques, documents complets et parties de documents

Généralités

(1)
BOULOGNE Arlette. Vocabulaire de la documentation : INTD-ER. Paris, ADBS Editions, 2004. 334 p. Collection sciences et techniques de l'information. ISBN 2-84365-071-2-
Cet ouvrage propose des définitions pratiques concernant l'information documentaire. Les notions sont classées par ordre alphabétique mais aussi par domaine.

(2)
JOURNAL DU NET. L'encyclopédie e-Business [En ligne]. Boulogne, Benchmark Group, cop. 2002-2008. [Consulté le 4 juillet 2008] <http://www.journaldunet.com/encyclopedie/>
Ce site fournit une liste des termes fondamentaux du monde de l'Internet, aux significations parfois ambiguës ou équivoques et, pour chacun d'entre eux, propose une définition pragmatique.

Pertinence

(3)
MIZZARO Stefano. Relevance : The whole history. Journal of the American Society for Information Science, 1998, special issue : Historical studies in information science, p.221-243. ISSN 1532-2882
La pertinence est une notion fondamentale pour la documentation et particulièrement pour la recherche d'information. L'auteur présente à partir d'une revue très complète de la littérature l'évolution de sa signification et surtout la complexité de cette notion.

(4)
SIMONNOT Brigitte. De la pertinence à l'utilité en recherche d'information : Le cas du Web. In COUZINET Viviane. Actes du colloque international MICS-LERASS : Recherches récentes en Sciences de l'information. 21-22 mars 2002, Toulouse. Paris, ADBS éditions, 2002. p.393-410. Collection Sciences de l'information, série Recherches et Documents. ISBN 2-84365-059-3

A partir d'une analyse de la littérature scientifique et des observations réalisées durant des sessions de formation à la recherche, l'auteur souligne la complexité et les nombreuses dimensions du concept de pertinence en recherche documentaire.

Recherche d'information

(5)
ACCART Jean-Philippe. Le métier de documentaliste. Marie-Pierre Réthy, collab. 2e éd. Paris, Cercle de la Librairie, DL 2003. 451 p. ISBN 2-7654-0872-6
Ce livre propose une synthèse sur les multiples aspects du métier de documentaliste dans la société de l'information. Les évolutions liées à la généralisation du Web sont évoquées et le second chapitre aborde l'évolution des moteurs de recherche et des méthodes de recherche.

(6)
BATES M. The design of browsing and berry picking techniques for the on-line interface. Londres, On-line Review, 1989, vol. 13, n° 5, p.407-424. ISSN 0309-314X
Cet article caractérise la RI comme une activité exploratoire, de type cueillette de baies. Le caractère flexible et mouvant de la représentation du but rend le processus de RI non linéaire. Le résultat des interactions avec le système guide l'activité cognitive des sujets.

(7)
CHARBONNIER Jean-Louis. Les apprentissages documentaires et la didactisation des sciences de l'information. Spirale, 1997, n°19, p.45-59. ISSN 1278-4699
En s'interrogant sur les modalités des acquisitions des compétences documentaires, l'auteur dégage des notions fondamentales pour donner du sens aux apprentissages mis en place par l'enseignant documentaliste. Il soulève la question de la signification des notions appartenant aux sciences de l'information et de la documentation comme la notion de source ou de référence documentaire.

(8)
DENECKER Claire. Les compétences documentaires : Des processus mentaux à l'utilisation de l'information. Villeurbanne, ENSSIB, DL 2003. 196 p. ISBN 2-910227-52-9
Cet ouvrage affirme que l'une des difficultés majeures rencontrées par le bibliothécaire dans son activité de pédagogue est le manque de connaissance des démarches intellectuelles adoptées par les lecteurs lors de leurs recherches documentaires. Après avoir détaillé les mécanismes à l'œuvre lors d'une recherche d'information, l'auteur assure que l'accès à l'information doit se penser en fonction des besoins et des compétences des usagers.

(9)

DILLON Andrew. Designing usable electronic text : Ergonomics aspects of human information usage. Londres, Taylor & Francis, 1994. 195p. ISBN 0-7484-0112-1
Ce livre explore les problématiques humaines liées à l'accès à l'information. Il postule que le manque de performance de la communication en ligne est causé par le manque d'usabilité des interfaces et propose un cadre pour améliorer le design. Il décrit les différents composants de l'activité de recherche (cadre TIMS).

(10)

DUPLESSIS Pascal. Inventaire des concepts info-documentaires mobilisés dans les activités de recherche d'information en ligne [en ligne]. Académie de Nantes, Site de la cellule CDI du Rectorat de Nantes, janvier 2006 [consulté le 29 juillet 2008]. <http://www.ac-nantes.fr:8080/peda/disc/cdi/reseau/crjrl05/jrl49-4.pdf >
L'auteur part de la modélisation de l'activité de recherche d'information en ligne pour identifier les concepts info-documentaires. Ces notions sont ensuite présentées dans des cartes conceptuelles.

(11)

FITCHETT Deborah Jane. Students' natural use of language for academic library concepts. Master of Library and Information Studies, School of Information Management, Victoria University of Wellington, 2006. 108 p.
Le jargon des bibliothèques est un obstacle à l'interaction entre utilisateur, professionnel et système d'information. Après avoir présenté les différentes recherches dans ce domaine, l'auteur présente la méthodologie et les conclusions d'une étude sur l'usage naturel de la langue des utilisateurs. La terminologie est, selon l'auteur, un facteur d'usabilité.

(12)

KOLMAYER Élisabeth. Démarche d'interrogation documentaire et navigation. In ROUET Jean-François. Quatrième colloque hypermédias et apprentissages. 15-17 oct. 1998, Poitiers. Paris : INRP, 1999. p. 121-135. ISBN 978-2734206255
Ce texte examine les modélisations de la situation d'interrogation documentaire et analyse la validité de ces modèles à partir d'observations ou d'études de terrain. Il présente ensuite les types d'aide à l'interrogation qui correspondent à chaque modélisation.

(13)

LE MOAL Jean Claude. La recherche d'information sur les réseaux. Paris, ADBS Editions, 1998. Collection Sciences de l'information, série études et techniques. 253 p. ISBN 2-901046-62-2
Ce livre se penche sur le fonctionnement des systèmes de recherche, sur l'organisation des documents dans un centre de ressources numériques ou virtuelles pour les rendre aisément

accessibles en intranet ou sur Internet. Les auteurs, d'origines diverses, exposent à la fois un point de vue sur la situation en 1998 et des perspectives sur les évolutions à venir.

(14)
MARCHIONINI Gary. Information seeking in electronic environments. New York, Cambridge University Press, 1995. 224 p. ISBN 0-521-44372-5
Cet article propose une représentation en pivot de l'activité de RI : les stratégies adoptées par les utilisateurs sont directement dépendantes de leur environnement d'information. Ainsi, les utilisateurs, quand cela est possible, modifient leur stratégie de recherche en fonction du contexte pour maximiser leur activité.

(15)
NAVARRO-PIETRO Raquel. Cognitive Strategies in Web Searching. In Institut of Stanarts and Technology. *Proceedings of the 5ᵗʰ Conference on human Factors and the Web* [en ligne]. 5ᵗʰ juillet 1999, Gaithersburg. [consulté le 4 août 2008]. p.43-56.
<http://zing.ncsl.nist.gov/hfweb/proceedings/proceedings.en.html>
L'objectif de cette étude est de développer un modèle empirique de la recherche sur le Web, d'expliquer comment l'utilisateur recherche l'information. Elle développe un cadre conceptuel pour décrire et analyser les relations entre les caractéristiques des utilisateurs, l'activité de recherche d'information et la représentation de celle-ci.

(16)
PIROLLI Peter. Information Foraging. Psychological Review, 1999, n°106, p 643-675. ISSN 0033-295X
L'auteur propose une analogie entre le comportement de l'animal cherchant de la nourriture et celui de l'homme cherchant de l'information. Il postule que, tout comme l'animal, l'homme considère constamment les éléments disponibles et le coût pour les obtenir, ce qui détermine s'il reste ou s'il va explorer une autre parcelle.

(17)
ROUET Jean-François. Chercher de l'information dans un hypertexte : Vers un modèle des processus cognitifs. André Tricot, collab. Hypertextes et hypermédias, 1998, Hors Série, p.57-74. ISSN 1280-7842
Cet article présente les processus cognitifs à l'œuvre lors d'une recherche d'information dans les hypertextes. Les auteurs proposent un modèle cyclique EST (Evaluation Sélection Traitement) pour décrire l'activité de recherche.

(18)

SERRES Alexandre. Problématique générale de la recherche d'information [en ligne]. URFIST
Bretagne - Pays de Loire, 2002 [consulté le 4 août 2008].
<http://www.uhb.fr/urfist/Supports/RechInfoInit/RechInfo3Problematique.html>

Ce cours aborde les principales problématiques de la recherche d'information, des outils de
recherche actuels et de leurs domaines d'évolution technique. Les principaux mode d'accès et leurs
caractéristiques sont détaillés.

Sites Web des bibliothèques : historique et contexte

(19)

BOURRION Daniel. Se fondre dans le grand tout : L'intégration du SCD dans l'environnement
numérique de travail. BBF [en ligne], 2007 [consulté le 29 juillet 2008]. n° 6, p.34-38.
<http://bbf.enssib.fr>. ISSN 1292-8399

En plus de transformer radicalement les méthodes de travail des étudiants, des enseignants et des
personnels des universités, les nouveaux environnements numériques de travail (ENT) interrogent
sur l'intégration des services communs de documentation (SCD).

(20)

BRU Gaëla. Essai de typologie des sites Web des bibliothèques [en ligne]. Mémoire de recherche,
Diplôme de conservateur de bibliothèque, Enssib, 2001 [consulté le 30 juillet 2008]. 109 p.
<http://www.enssib.fr/bibliotheque-numerique/document-749>

Ce mémoire étudie la présence des sites Web des bibliothèques sur le Web : cinquante
bibliothèques sont ainsi photographiées au premier semestre 2001. Les résultats sont présentés
sous la forme d'une typologie et peuvent servir de points de repère pour l'analyse des ressources
et services en ligne des bibliothèques.

(21)

DESPRES-LONNET Marie. Les étudiants et la documentation électronique. Jean-François
Courtecuisse, collab. BBF [en ligne] , 2006 [consulté le 30 juillet 2008]. n° 2, p.33-41.
<http://bbf.enssib.fr>. ISSN 1292-8399

Les étudiants doivent acquérir, durant leur cursus universitaire, des compétences disciplinaires,
documentaires et techniques. Cet article présente les résultats d'une étude portant sur les
pratiques et les stratégies des étudiants de l'université de Lille III en matière de documentation
électronique. L'objectif est d'analyser les différents dispositifs techniques d'information et de
communication.

(22)

DUJOL Anne. Les sites Web des bibliothèques : Trouver l'information ou la ronde des clics , BBF [en ligne], ENSSIB, 2006 [consulté le 29 juillet 2008]. n° 03, p.38-42. <http://bbf.enssib.fr>. ISSN 1292-8399

Cet article présente les sites Web des bibliothèques comme porte d'entrée à la documentation électronique. Trouver l'information sur le site Web d'une bibliothèque dépend, entre autres, de l'indexation des ressources documentaires en ligne et de la qualité des outils de recherche. Elle dépend aussi de la qualité d'organisation des sites.

(23)

JOLLY Claude. Bibliothèques universitaires : Regard sur les changements. BBF [en ligne], ENSSIB, 2001 [consulté le 29 juillet 2008]. t. 46, n° 6, p.50-54.<http://bbf.enssib.fr>. ISSN 1292-8399

L'émergence de la documentation électronique a consolidé les missions traditionnelles d'évaluation, de sélection et de mise à disposition de l'information des services de documentation. Cet article ajoute que la documentation électronique a aussi bouleversé l'exercice de ces missions.

(24)

MAYEUR Alain. Les Espaces Numériques de Travail. In CRU, RENATER et UREC. JRES : Les Journées Réseaux [en ligne]. 17-21 novembre 2003, Lille [Consulté le 4 juillet 2008]. <http://www.2003.jres.org/actes/paper.84.pdf>

Cet article définit puis analyse les enjeux, les impacts pour les utilisateurs de la mise en place d'Espaces Numériques de Travail (ENT), programme prioritaire du Ministère de la Jeunesse, de l'Education Nationale et de la Recherche.

Portails

(25)

ARSENAULT Clément. Les portails de bibliothèque : Nouvelles fonctionnalités, nouveaux défis. Argus, 2005, vol. 34, n°2, p.11-19. ISSN 0315-9930

La notion de portail de bibliothèque est d'abord définie, puis les principales fonctionnalités de ce type de produit sont présentées et expliquées (métarecherche, personnalisation, authentification). On donne ensuite un aperçu du marché des logiciels de portail avant de soulever certaines questions liées à la fiabilité des résultats et à la formation des utilisateurs.

(26)

LIBMANN, Anne-Marie. Portail documentaire : Une approche participative. Bases. janvier 2002 n°179, p.1-3. ISSN 0765-1325

Le portail documentaire se définit par la gestion de contenus hétérogènes à destination d'utilisateurs nombreux et répartis en différentes catégories, ayant chacune leur propre profil.

Selon l'auteur, un portail permet de gérer des pluralités : pluralité de contenus, pluralité de communautés d'utilisateurs, pluralité de fonctionnements documentaires et des modes de relations entre le service documentation et les clients.

(27)

MAISONNEUVE Marc. Les logiciels portails pour bibliothèques et centres de documentation : L'offre d'outils de recherche fédérée et de gestion de contenu. Cécile Touitou, collab. Paris, ADBS, 2007. Collection Sciences et techniques de l'information. 215 p. ISBN 978-2-84365-091-8

La première partie de l'ouvrage expose de manière concise, claire et complète une définition du portail et de ses composants techniques et fonctionnels. La seconde partie dresse un panorama de l'offre disponible en France concernant les logiciels portails pour les bibliothèques et les centres de documentation.

(28)

MAISONNEUVE Marc. Recherche multibases : De nouveaux outils pour accroître l'autonomie des usagers. Documentaliste : Sciences de l'information, juin 2003, vol. 40, n° 3. p.214-217. ISSN 0012-4508

Cet article présente les types d'outils disponibles pour faciliter l'accès à des ressources dispersées et non coordonnées. Il postule que les usagers ont de plus en plus besoin de la médiation des professionnels car ils sont submergés par la multiplication des ressources électroniques.

(29)

STILLER Henri. Le portail : Outil fédérateur d'information et de connaissances. Documentaliste : Sciences de l'information, 2001, vol. 38, n°1, p.39-42. ISSN 0012-4508

Cet article introduit les fonctions principales des portails comme l'identification, l'acquisition et la diffusion d'information. Il propose ensuite une réflexion sur un processus de mise en oeuvre d'un portail, principalement en entreprise et montre les avantages et les difficultés.

Catégorisation à facettes

(30)

BALMISSE Gilles. Classification à facettes : Une autre approche de l'organisation de l'information. Knowledge Consult [en ligne], 31 janvier 2007 [consulté le 5 août 2008]. n°21 <http://www.gillesbalmisse.com/v2/spip.php?article172>

D'un principe de fonctionnement simple, la classification à facettes possède de réels atouts pour offrir une recherche d'information performante et efficace. Les avantages et les inconvénients de cette nouvelle façon d'organiser l'information pour en faciliter l'accès sont détaillés.

(31)

KIM Kyung-Sun. Analyse des facettes des catégories utilisées dans les annuaires du Web : Etude comparative. In World Library and Information Congress: 72nd IFLA General Conference and Council [en ligne]. Séoul, Corée, 20-24 Août 2006 [consulté le 4 août 2008]. <http://www.ifla.org/IV/ifla72/index.htm >

La classification à facettes est considérée comme pertinente pour organiser les ressources numériques. Cette étude analyse les annuaires du Web les plus répandus dans différentes régions d'Asie et examine les différences culturelles que reflètent leurs systèmes de classification. L'étude montre la nécessaire adaptation des classifications à la culture.

(32)

MAISONNEUVE Marc. Une nouvelle famille d'OPAC : Navigation à facettes et nuages de mots. BBF [en ligne], 2007 [consulté le 5 août 2008]. n° 6, p.12-19. <http://bbf.enssib.fr>. ISSN 1292-8399
Depuis moins de deux ans, une nouvelle famille d'OPAC s'impose dans les bibliothèques anglo-saxonnes. Elle réunit au moins trois points communs: le fait d'être vendus à part, à un prix qui n'a plus rien à voir avec celui de l'Opac classique, l'adoption de logiques de recherche en rupture avec celles de la génération précédente et la mise en avant de la navigation à facettes.

Adaptabilité et adaptativité

(33)

HENCZEL Sue. Creating User Profiles to Improve Information Quality. Online, mai-juin 2004, vol. 28, n° 3, p.30-34. ISSN 0146-5422
L'auteur postule que la personnalisation a un aspect utopique : cela permettrait de fournir la bonne information, à la bonne personne au bon moment et dans le format attendu. Il présente un ensemble de recommandations destinées à un professionnel de l'information souhaitant créer des profils d'utilisateur ou de groupe d'utilisateurs.

(34)

KALYANARAMAN Sriram. The psychological appeal of personalized content in web portals : Does customization affects attitudes and behavior. Shyan Sundar, collab. Journal of communication, 2006, n° 56, p.110-132. ISSN 0021-9916
Internet a rendu possible une large diffusion des messages personnalisés, mais peu de recherches se sont portées sur ce sujet. Cet article donne une définition de la personnalisation et présente les possibles relations entre celle-ci, comportement et impression sur le système.

(35)

RADEFF Fred. Le portail personnalisable comme interface d'optimisation de ressources académiques [en ligne]. Mémoire DESS, Technologies et Formation de l'Apprentissage, Faculté de

Psychologie et des Sciences de l'Education, Université de Genève, 2002 [consulté le 30 juillet 2008]. 72 p. <http://tecfa.unige.ch/staf/staf-f/radeff/staf25/>

Après un examen des modèles théoriques, l'auteur distingue personnalisation et individualisation. Ce mémoire propose une typologie des portails existants dans le monde des bibliothèques universitaires.

(36)

TEIXEIRA Claude. User profiles in organizational environments. Campus-Wide Information Systems [en ligne], 2008 [consulté le 5 août 2008]. vol. 25, n°3. p.128-144 <http://www.emeraldinsight.com/10.1108/10650740810886312>. ISSN 1065-0741

Cet article décrit un projet de portail Web conçu pour les membres d'une université. La mise en place de profil et leur gestion permet de personnaliser les interfaces proposées aux membres d'une institution. L'auteur propose un modèle de définition de profil.

(37)

VERSANEN Jari. What is personalization? A conceptual framework. European Journal of Marketing, 2007, vol. 41, n° 5-6, p.409-418. ISSN 0309-0566

Cet article propose un cadre conceptuel de la littérature sur la personnalisation. Il définit et rapproche l'ensemble des concepts du domaine, présente les différents types de personnalisation et analyse les effets en terme de coût et de bénéfice pour le client et le producteur.

Ergonomie

(38)

BOUCHER Amélie. Ergonomie Web : Pour des sites Web efficaces. Paris, Eyrolles, 2007. Collection Accès libre. 426 p. ISBN : 978-2-212-12158-2

Ce livre est un guide méthodologique et pratique pour allier ergonomie et efficacité dans la conception Web. Orienté utilisateur, il donne des pistes pour créer des sites utiles et utilisables.

(39)

COMMENT CA MARCHE. Webmastering : Ergonomie d'un site Web [en ligne]. Paris, Quidéa, 2008. [Consulté le 4 juillet 2008]. <http://www.commentcamarche.net/web/ergonomie.php3>

Ce site expose simplement les termes fondamentaux de l'ergonomie Web. Il précise les notions d'adaptabilité et d'adaptativité.

(40) ERGOLOGIQUE

ERGOLOGIQUE. Lexique [en ligne]. Paris, Ergologique, cop. 2003-2005. [Consulté le 4 juillet 2008]. <http://www.ergologique.com/lexique/>

Propose de nombreuses définitions des concepts du domaine de l'ergonomie Web, de la conception centrée utilisateur et de l'utilisabilité.

(41)

TRICOT André. Un cadre formel pour interpréter les liens entre utilisabilité et utilité des systèmes d'information. Marie Tricot, collab. In Ergo-IHM'2000 [en ligne]. Biarritz, 2000, [Consulté le 4 juillet 2008]. p.77-84. <http://edutice.archives-ouvertes.fr/edutice-00000212/en/> ISBN 2-9514772-0-1. Cette communication offre un panorama de la recherche sur la RI puis propose une définition des termes d'utilisabilité et utilité. Un cadre formel pour interpréter les relations entre ces deux notions est proposé pour évaluer la qualité des systèmes d'information.

Méthodes

(42)

CAMP Robert. Le Benchmarking. : Pour atteindre l'excellence et dépasser vos concurrents. Paris, Les Editions d'Organisation, 1992. 224 p. ISBN 2-7081-1386-0
Ce livre présente les grandes techniques du benchmarking et propose des méthodes pour mener à bien ce type d'étude.

(43)

MICHEL Jean. Valeur et compétitivité de l'information documentaire : l'analyse de la valeur en documentation. Paris, ADBS Editions, 1991. Collection Sciences de l'information, série Recherches et Documents. 136 p. ISBN : 2-901046-38X
Cet ouvrage dresse l'historique de l'analyse de la valeur et de ses nombreuses applications. Il présente ensuite les différentes méthodes de rationalisation de l'activité par l'analyse de la valeur en information et en documentation. Celle-ci s'applique non seulement à la documentation et à l'information, mais aussi aux produits, services et activités qui y sont liés. Le détail de l'approche fonctionnelle permet de formuler le problème en termes de finalités et non de solutions.

(44)

MUET Florence. Stratégie marketing des services d'information, bibliothèques et centres de documentation. Jean-Michel Salaün, collab. Paris, Le Cercle de la Librairie, 2001. 221 p. ISBN 2-7654-0794-0
Ce livre offre une approche très pragmatique du marketing documentaire, dans son principe d'orientation utilisateur, adapté aux services d'information. Le diagnostic permet de positionner le service d'information par rapport à ses tutelles ou au système plus vaste dont il est un des éléments, par rapport à ses partenaires ou concurrents et enfin par rapport à ses usagers.

Evaluations

(45)

ARL, TEXAS A&M UNIVERSITY. LibQual + : Spring 2006 survey – ARL. Washington, Association of Research Libraries, 2006. 258 p. ISBN 1- 59407-651-0

Ce document synthétise et analyse les résultats des enquêtes LibQual effectuées dans les bibliothèques en 2006.

(46)

MELOT Agnès. Enquête LibQual à HEC : Présentation des résultats. Jouy en Josas, Bibliothèque HEC, juin 2006.

Power Point de présentation des résultats de l'enquête LibQual effectuée en 2006 à la bibliothèque d'HEC.

(47)

WOLF Dominique. LibQUAL+ en France : Un outil pour l'évaluation de la qualité des services en bibliothèque. *BBF* [en ligne], 2008[consulté le 5 août 2008].   n° 3,   p.39-47 <http://bbf.enssib.fr>

Cet article présente les intérêts de l'enquête LIBQUAL et détaille les différentes étapes de l'enquête : de son paramétrage à l'analyse des résultats.

Annexes

Annexe 1 : Résultats complets de l'enquête Libqual+ 2006 pour HEC

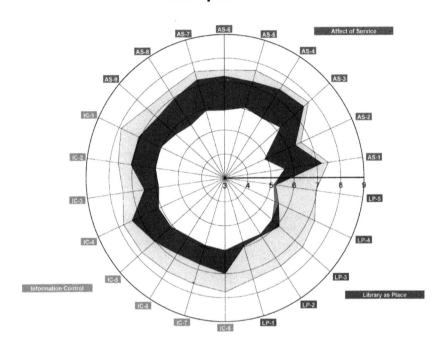

![legend] Perçu comme inférieur au minimum attendu
![legend] Perçu comme au dessus du minimum attendu
![legend] Perçu comme inférieur au minimum désiré
![legend] Perçu comme au dessus du désiré

ID	Question Text	Minimum Mean	Desired Mean	Perceived Mean	Adequacy Mean	Superiority Mean	n
Affect of Service							
AS-1	Un personnel sur lequel on peut compter	5.62	7.51	7.23	1.61	-0.28	336
AS-2	Un service personnalisé à chaque usager	4.89	6.61	6.34	1.45	-0.26	325
AS-3	Un personnel toujours courtois	6.19	7.79	7.53	1.34	-0.26	335
AS-4	Un personnel attentif aux questions des usagers	5.96	7.64	7.39	1.43	-0.25	332
AS-5	Un personnel compétent capable de répondre aux questions des usagers	6.07	7.68	7.20	1.12	-0.48	330
AS-6	Un personnel attentif aux besoins des usagers	5.83	7.51	7.25	1.42	-0.25	326
AS-7	Un personnel qui comprend les besoins des usagers	5.93	7.63	7.27	1.34	-0.36	323
AS-8	Une volonté manifeste du personnel d'aider les usagers	5.64	7.38	6.95	1.32	-0.43	328
AS-9	Fiabilité dans la résolution des problèmes de services aux usagers	5.78	7.44	6.84	1.07	-0.60	307
Information Control							
IC-1	L'accès à des ressources électroniques depuis mon domicile ou mon bureau	6.04	7.91	7.08	1.04	-0.83	333
IC-2	Un site Web qui me permet de repérer ce que je recherche de façon autonome	6.02	7.63	7.07	1.06	-0.56	331
IC-3	Les documents imprimés dont j'ai besoin pour mes travaux	5.87	7.43	6.51	0.63	-0.92	300
IC-4	Les ressources d'information électroniques dont j'ai besoin	6.13	7.78	7.38	1.25	-0.41	327
IC-5	Un équipement moderne qui me permet un accès facile aux informations dont j'ai besoin	6.08	7.75	7.03	0.95	-0.71	333
IC-6	Des outils de repérage qui optimisent une recherche autonome	5.89	7.64	6.77	0.88	-0.87	324
IC-7	Documentation facilement accessible pour une utilisation autonome	5.93	7.62	6.77	0.83	-0.86	333
IC-8	Des périodiques électroniques ou imprimés correspondant à mes besoins	6.03	7.76	7.01	0.98	-0.76	330
Library as Place							
LP-1	Des locaux de bibliothèque qui incitent à l'étude	5.79	7.41	5.97	0.19	-1.44	335
LP-2	Un espace de travail individuel tranquille	5.81	7.41	5.90	0.09	-1.51	326
LP-3	Des locaux accueillants et confortables	5.69	7.43	6.11	0.42	-1.32	333
LP-4	Un espace pour étudier, faire des recherches, travailler en groupe	5.56	7.27	5.37	-0.19	-1.90	325
LP-5	Des aires communes pour l'étude et l'apprentissage en groupe	5.22	6.96	5.13	-0.09	-1.83	315
Overall:		5.83	7.51	6.73	0.90	-0.79	338

Source : (45).

Annexe 2 : Analyse comparative des fonctions proposées par les sites Web de bibliothèque

Liste des sites observés

- Infomédiathèque, EM Lyon, <http://incipio.em-lyon.com/?INSTANCE=incipio>

- Médiathèque, ESC Lille, <http://mediatheque.esc-lille.fr/>

- Infothèque, Université Léonard de Vinci, <http://www.devinci.fr/info/>

- Library locations, Harvard, <http://www.library.hbs.edu/>

- Yale univesity Library,Yale, <http://www.library.yale.edu/>

- Lippincott Library @ Wharton, Wharton, <http://www.library.upenn.edu/lippincott/>

- Library, Insead, <http://www.insead.edu/library/index.cfm>

- Information center, IMD, <http://www.imd.ch/research/information/index.cfm?nav1=true>

- Library, LES, <http://www.lse.ac.uk/library/>

- Library, LBS, <http://www.london.edu/library.html>

Annexe 3 : Grille d'entretien

Motifs et contextes de la recherche d'information

- Travaux particuliers nécessitant un apport d'information ?

- A quelle fréquence ? Avec quels délais ?

Nature de l'information recherchée

- Quels types d'information : données brutes ou analyses ?

- Critères de sélection : exhaustivité ? fraîcheur ? portabilité ?

Activité de recherche

- Recherche le plus souvent par thème ou par type ?

- Utilisation du service d'aide à la recherche ?

Site(s) Web

- Connaissances des deux sites Web ?

- Utilisation : fréquence et facilité ?

- Sentiment de trouver facilement l'information en général ?

Suggestions

Annexe 4 : Compte rendu d'entretien d'un ancien participant EMBA formule modulaire

Pratique d'informations

Il utilise beaucoup le catalogue, notamment pour identifier des ouvrages avant de venir les consulter ou les emprunter à la bibliothèque. Selon lui, les participants EMBA sont par définition pressés.

Habitude de recherche

Le site de la bibliothèque comporte beaucoup plus d'information que celui de la médiathèque : les participants EMBA ne font pas la différence entre ces deux sites.

Un site physique ne nécessite pas forcement un site virtuel : l'existence de deux sites distincts constitue, pour les participants, un facteur de perturbation et pour les équipes en charge de la mise à jour une surcharge de travail qui pourrait être réduite si il n'y avait qu'un seul site grâce à la mutualisation des moyens humains et des ressources techniques et documentaires.

Besoins d'informations

Les participants ont besoin d'information lors des temps forts du programme : l'audit stratégique et le mémoire individuel. Ils ont alors besoin de faire une « recherche avancée » sur l'ensemble de l'environnement de l'entreprise ou de la situation concernée. Il s'agit de faire le tour de la question en mobilisant l'ensemble des informations disponibles : entreprise, marché, concurrence...

Le besoin est aussi d'avoir une personne physique pour les aider dans leur recherche : soit pour déléguer la recherche, soit pour être aiguillé ; savoir où chercher.

Une aide / un guide de recherche en ligne « dynamique » car les fichiers PDF ne sont pas téléchargés serait dans cette optique très pertinent.

En fonction des besoins des participants, la recherche peut se faire soit par le sujet de recherche soit par le type de document recherché Il faut mettre en valeur la possibilité de contacter une documentaliste ce qui est une valeur ajoutée très importante. Le gros problème reste les heures d'ouverture : pour pallier à cela, peut être qu'un contact par formulaire avec une réponse sous 48 heures hors week end serait pertinent.

Utilisation des ressources

Il a rencontré de nombreux problèmes à l'utilisation des ressources à distance : notamment des problèmes de configuration du proxy. L'Actualité du dirigeant et les dossiers pays ne sont pas assez mis en valeur par la médiathèque alors qu'ils constituent une importante valeur ajoutée de la médiathèque. Il faudrait permettre une recherche en ligne et proposer un format électronique de ces produits afin d'améliorer leur utilisation.

Autres

Les participants EMBA ont besoin d'un accès à l'information simple et rapide.

Concernant les ressources pédagogiques il pense que le contenu de l'intranet et notamment les fiches de lectures suffisent.

Selon lui, il faut mettre l'accent sur la réelle valeur ajoutée de la médiathèque : l'accueil physique des participants, l'aide à la recherche personnalisée... Il est donc important que le site présente de manière claire l'ensemble des ressources mais propose aussi des parcours de recherche afin d'anticiper les besoins. Il faut aussi préciser aux participants qu'ils peuvent faire venir des ouvrages de Jouy à Paris par navette (PEB pas assez connu).